オールカラー

困ったときにすぐひけるマナー大事典

西東社

もくじ

本書の使い方

贈答、日常のおつき合い、飲食、訪問・もてなし、結婚、お悔やみごと、手紙・ネット、ビジネスの各マナーを章ごとに紹介しています。イラストなどの図版を多用しているため、わかりやすく簡潔に基本のマナーを知ることができます。

イラストを多用しているので、見てわかる本になっています。

見開きごとのテーマでマナーを学べます。

これはタブー

絶対にしてはいけないタブーのマナーを解説しています。

お金の目安

贈り物やお返しの金額の目安とマナーについて解説しています。

そのページで必ずおさえるべきポイントを、重要 注意 期間 服装 お金 の項目で紹介しています。

合わせて確認!

いっしょに確認しておきたい参考ページを記載しています。

ちょこっとマナー

基本といっしょに覚えておきたいちょっとしたマナーを紹介しています。

プラスの気配り

相手への気づかいがより感じられるワンランク上のマナーを紹介しています。

1章

贈り物とお返しのマナー

日本では、お世話になっている人に季節ごとに贈り物をしたり、暮らしの中、人生の岐路《きろ》などで、ものを贈り合う習慣があります。贈るときのマナー、もらったときのお返しのマナーを知り、失礼のない贈答ができるようにしましょう。

お金を渡すときの包み方の基本

重要 金額に見合った格の袋を用意する

重要 水引の色や結び方はルール通りに

注意 連名は人数によってルールが変わる

包む金額別の祝儀袋の選び方

【結婚祝いの場合】

◆ 3万～5万円
水引に美しい飾りがあり、袋の和紙が上質なもの。

◆ 5,000円以内
水引とのしが印刷されたもの。

◆ 5万円以上
水引に鶴・亀などの装飾があしらわれ、袋の和紙が檀紙など格の高いもの。サイズも大きめになる。

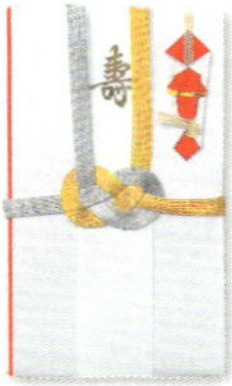

◆ 1万～2万円
紅白や金銀の水引がかかったもの。

【一般の慶事】

右のようなお祝いごとには、水引（赤白の蝶結び）とのしが印刷されたシンプルなものを使う。

- 子どものお祝い
- 新築
- 昇進
- 退職
- 餞別
- 内祝い
- 心づけ　など

祝儀・不祝儀袋は金額にふさわしい格のものを

慶事《けいじ》・弔事《ちょうじ》で現金を渡すときは、市販の祝儀・不祝儀袋を使うのが一般的です。祝儀・不祝儀袋は、渡す目的や金額によって、体裁が変わります。袋にはランクがあり、水引やのしが印刷されている安価なものから、和紙を使った高級なもの、さらにはカジュアルなものまであります。渡す相手と渡す金額にふさわしい金封袋を選ぶようにすることが重要です。

合わせて確認！｜ご祝儀のマナー▶P142　香典のマナー▶P172

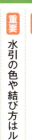

不祝儀袋の選び方と表書き

【香典】

◆ キリスト教式

表書き 御花料
水引 なし。白封筒か十字架や百合の花が描かれた袋を用いる

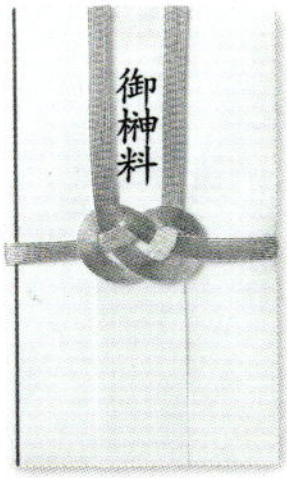

◆ 神式

表書き 御玉串料《おたまぐしりょう》 御榊料《おさかきりょう》
水引 双白《そうはく》または双銀《そうぎん》

◆ 仏式

表書き 御霊前《ごれいぜん》 御香料《ごこうりょう》
水引 黒白または双銀

【法要】

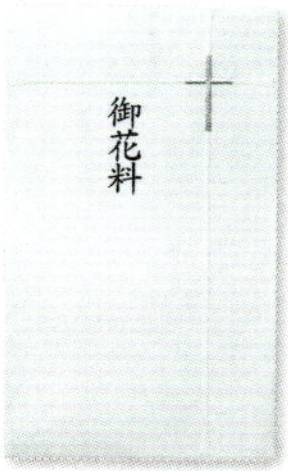

◆ キリスト教式

表書き 御花料
水引 なし。白封筒か十字架や百合の花が描かれた袋を用いる

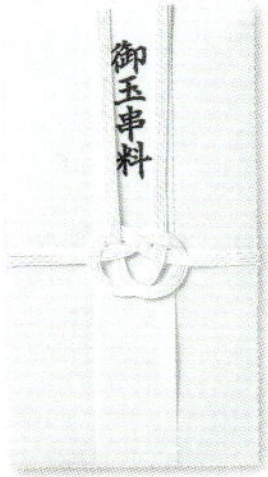

◆ 神式

表書き 御玉串料 神饌料《しんせんりょう》
水引 双白または双銀

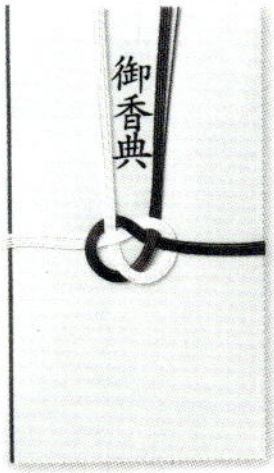

◆ 仏式

表書き 御香典
水引 黒白または双銀

Point

◆ 水引の結び方

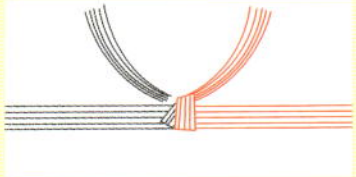

結び切り

水引の先を引いてもほどけない結び方。結婚祝い、お悔やみごとなど、くり返すことがタブーの贈り物に使う。

蝶結び

水引の先を引くとほどける結び方。何度あってもよいお祝いごとに使う。

ちょこっとマナー はすの花が描かれた不祝儀袋は仏式専用で、ほかの宗教ではNG。

名前の書き方

【基本】

贈り物の目的は水引の上中央に大きめに書く。

上下は適度に余白をとる。

贈る側の氏名をフルネームで書く。

▶ 毛筆か筆ペンを使い、楷書《かいしょ》でていねいに書きましょう。

▶ 慶事《けいじ》は濃い墨、弔《ちょう》事《じ》は薄墨を使用。

【2名連名】

同格の場合は、中央に左右均等に書く。格差があるときは、目上を中央に、目下を左に書く。

【3名連名】

上位者を中央に、右から左へ書く。友人同士など同格の場合は、五十音順で左右均等に。

【4名以上】

代表者を中央に書き、左側に「外」もしくは「外一同」と書く。袋の中に全員の氏名を書いた紙を同封する。

【夫婦連名】

夫の氏名を中央に。妻の名は夫の名の左側に書く。

【団体名にする】

団体名に「一同」をつけ、中央に書く。

【社名や肩書きをつける】

氏名を中央に書き、その右上に小さめに会社名などを書く。

ちょこっとマナー 表書きは、黒のインクであってもボールペンやマジックで書くのはNG。

中包みの書き方

【弔事】

裏面の右側に金額、左側に住所、氏名を書く。

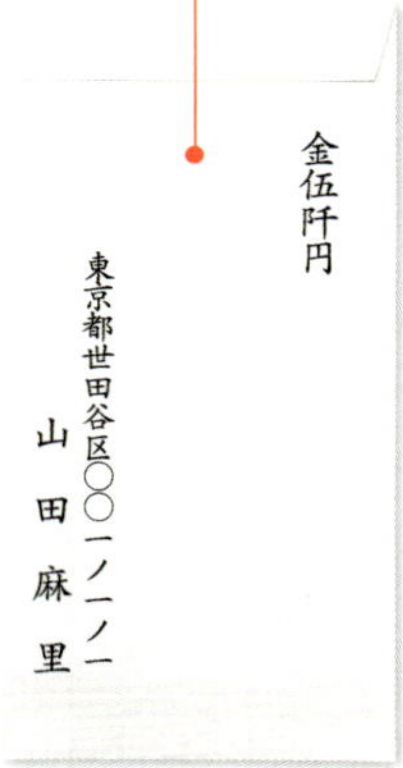

【慶事】

裏面の左側に贈る側の住所、氏名を書く。記入スペースが設けてあるときは、そのスペースに書く。

表面の中央に金額を書く。

お札の入れ方

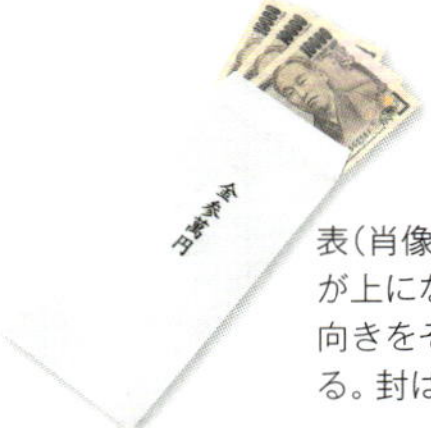

表（肖像のあるほう）が上になるように、向きをそろえて入れる。封はしない。

外袋の重ね方

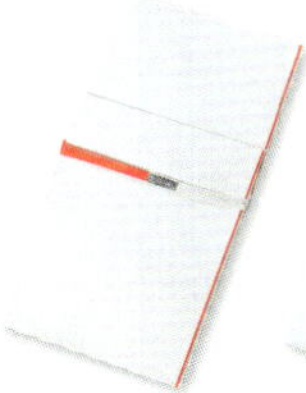

● 慶事
下側を上に重ねる。

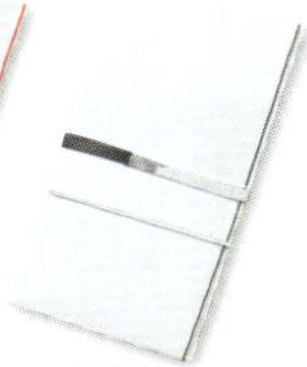

● 弔事
上側を下に重ねる。

プラスの気配り

金額は「大字《だいじ》」で書く

ご祝儀や不祝儀の金額は、改ざんを防ぐために「大字」という特別な文字を使うとよいでしょう。大字を使う場合は、縦書きにするのが正式です。

数字	大字
一	壱
二	弐
三	参
四	肆
五	伍
六	陸
七	漆
八	捌
九	玖
十	拾
百	陌
千	阡
万	萬

ちょこっとマナー　慶事は新札を、弔事でもきれいなお札を用意する。

贈り物の包み方

重要 かけ紙は贈り物に合わせて選ぶ

注意 慶事と弔事は包み方が逆になる

注意 かけ紙のかけ方にもルールがある

かけ紙のルール

【お中元などの贈答】

- 紅白の水引・蝶結び・のしつき
- 裏面は右側が上

【結婚祝い】

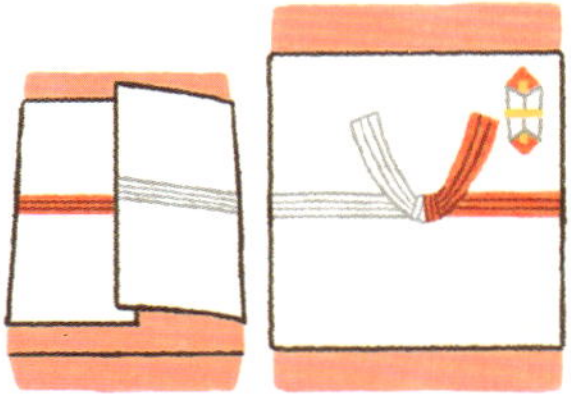

- 紅白の水引・結び切り・のしつき
- 裏面は右側が上

【弔事】

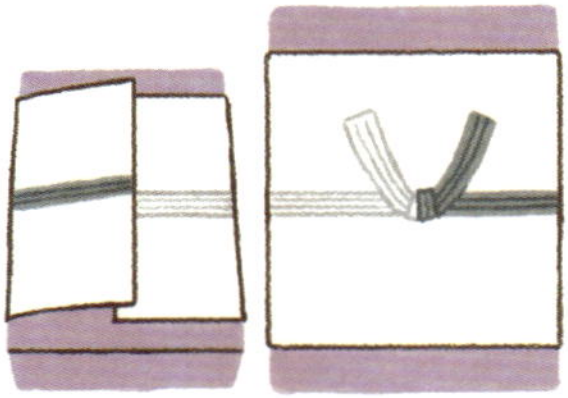

- 白黒の水引・結び切り・のしなし
- 裏面は左側が上

【結婚以外の慶事】

- 紅白の水引・蝶結び・のしつき
- 裏面は右側が上

慶弔で異なる贈り物の包み方

お祝いごとやお悔やみごとでの贈り物、お中元・お歳暮などの品を贈るときなどは、品物を包装紙で包み、一般に「のし紙」と呼ばれるかけ紙をかけます。かけ紙には、表書きをし、贈り主の氏名を書きます。包装紙の包み方、かけ紙の種類、かけ方にはルールがあり、慶弔《けいちょう》どちらの贈り物かによって体裁が変わります。失礼のないように気をつけましょう。

合わせて確認！ ｜ ふろしき・ふくさのルール▶P16

品物の包み方

【ななめ包み】

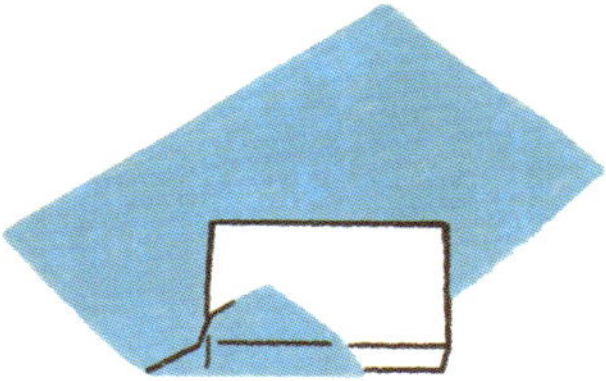

1 包装紙に箱を表面を上にして置く。慶事は箱の上部を左、弔事は右にする。

弔事　慶事

2 包み終わったときに、慶事は上部に空きができ、弔事は下部に空きができる。

【キャラメル包み】

1 包装紙に箱を裏面を上にして置く。箱の上部が奥になるように。

弔事　慶事

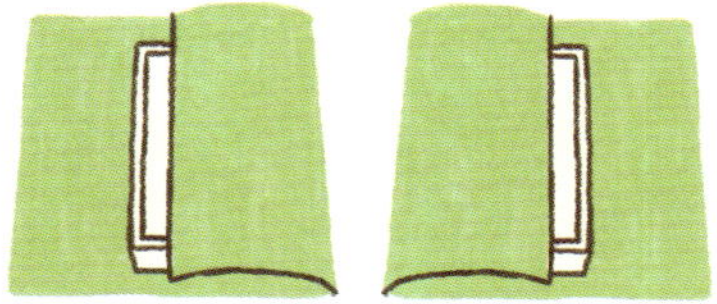

2 慶事は左→右の順に、弔事は右→左の順に紙をかける。

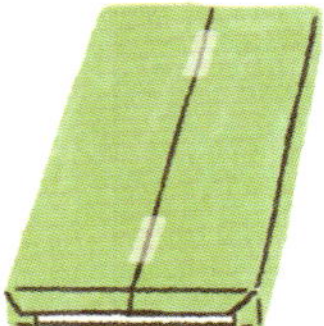

3 紙の左右を箱に沿うように折り、上部も箱に合わせて折り込む。

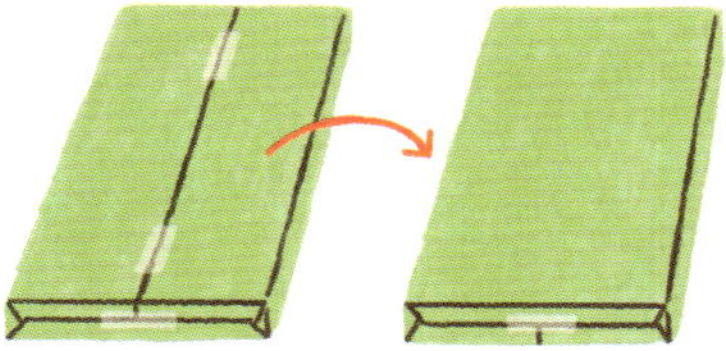

4 下部を箱に沿って折り上げ、全体を表に返す。

これはタブー

かけ紙をはさみで切る

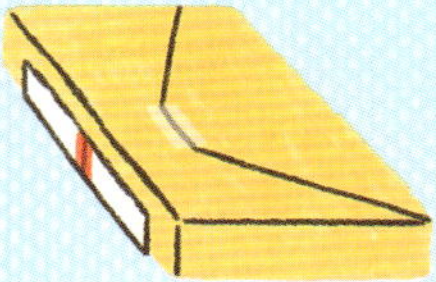

かけ紙が箱の側面までしかない

ちょこっとマナー　贈り物を宅配などで送るときは、箱にかけ紙をかけてから包装紙で包む。

ふろしき・ふくさのルール

- お金　金封はふくさに包んで持参する
- 注意　ふくさは慶弔で包み方が異なる
- 重要　慶弔それぞれにふさわしい色がある

ふろしきの平包み

1 ふろしきの中央に品物を置く。

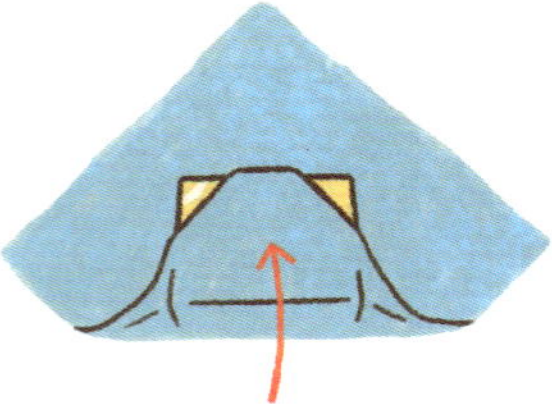

2 手前をかぶせて品物をくるむ。

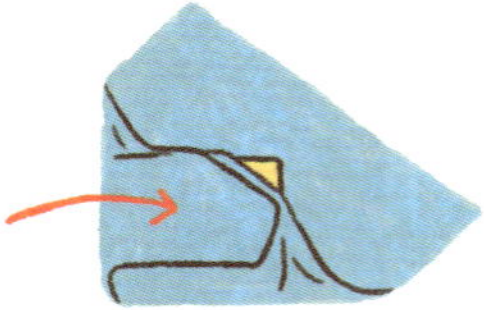

3 左側を内側に折り、余った部分を内側に折り込む。

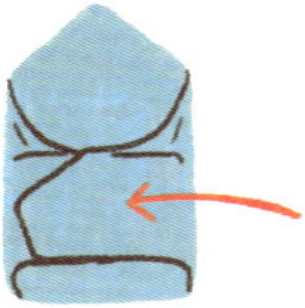

4 右側も同様に内側に折り、余った部分を内側に折り込む。

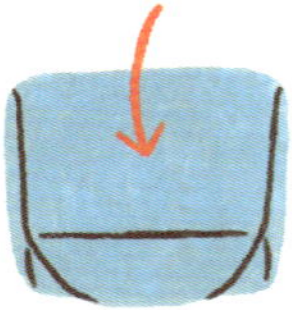

5 奥の角をかぶせ、品物全体をくるむようにする。

「包む」ことは実用を兼ねた日本の伝統

贈答品や金封（祝儀袋など現金を入れた袋）を、相手に直接手渡すときには、ふろしきやふくさに包んで持参するのがマナーです。品物はふろしきに、金封はふくさに包みます。ふろしきやふくさは、使い慣れない人も多いでしょうが、一度覚えれば、いろいろなシーンで役に立ちます。日本人ならではの奥ゆかしさが込められた「包み方」のマナーを知りましょう。

合わせて確認！｜お金を渡すときの包み方▶P10　贈り物の包み方▶P14

ふくさの包み方

【弔事】

1 ふくさのつめを左側にして広げ、不祝儀袋をやや右寄りに置く。

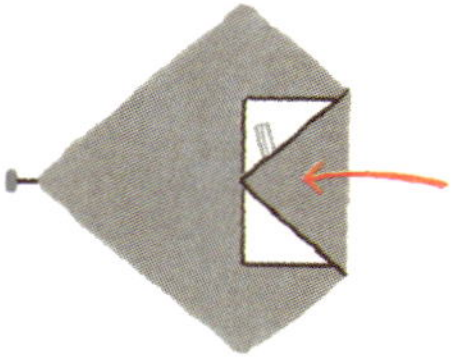

2 ふくさの右側の角を折って不祝儀袋にかぶせる。

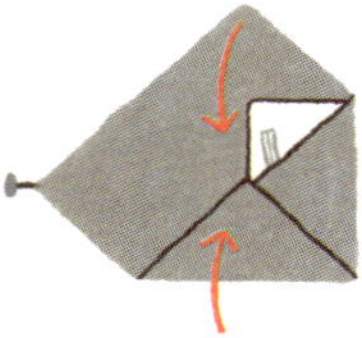

3 下側、上側の順に折ってかぶせる。

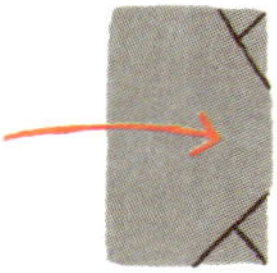

4 左側を折ってかぶせてつめを留める。

【慶事】

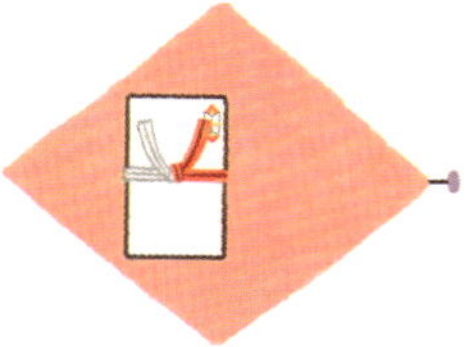

1 ふくさのつめを右側にして広げ、祝儀袋をやや左寄りに置く。

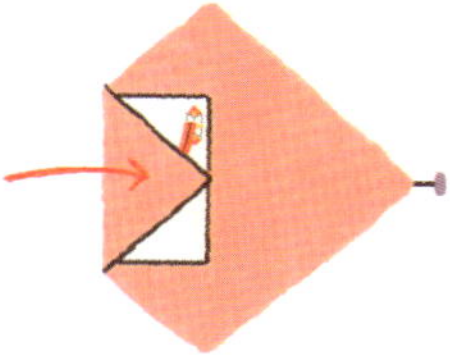

2 ふくさの左側の角を折って祝儀袋にかぶせる。

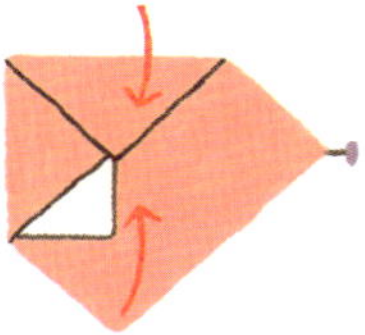

3 上側、下側の順に折ってかぶせる。

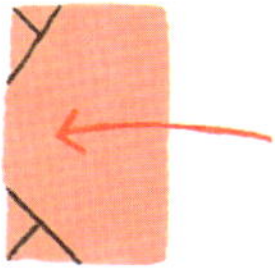

4 右側を折ってかぶせてつめを留める。

プラスの気配り

ふくさの色の慶弔について

ふくさはお祝いごととお悔やみごとでたたみ方が逆になりますが、色にも違いがあります。赤やピンク系などの暖色は慶事《けいじ》用で、黒や青は弔事《ちょうじ》用です。なお、慶弔《けいちょう》ともに使えるものには、藤色や紫色などがあります。

ちょこっとマナー ふくさを広げるときは、慶事は右手、弔事は左手で開く。

贈り物とお返しの基本マナー

お金　見栄をはらずに、分相応が基本
重要　お返しは不要となるケースもある
注意　タブーとなる品を知っておく

贈答上手はおつき合い上手

私たちの日常生活に、贈答のおつき合いは欠かせないものです。贈り物をするときは、誰に、何のために、いつ、何を贈るのかを明確にすることが大切です。品物の金額は高ければよいというものではなく、目的に応じて相応のものを贈るのがマナーです。また、贈り物をいただいたら、必ずお礼を伝えましょう。場合によってはお返しが必要なときもあります。

贈答マナー 4つの心得

1 理由

理由がはっきりしない贈り物は、相手も困惑してしまいます。「御歳暮」「祝御入学」「内祝」などの表書きで、贈答の目的を明確に伝えましょう。

2 金額

贈る現金や品物の金額は、分相応であることが基本です。とくにお中元やお歳暮は、毎年ほぼ同ランクの品を贈るものなので、最初に高額なものを選ぶと厄介です。

3 タイミング

お祝いごとは早めを心がけます。そうでない場合は、状況を確認してからのほうがよいでしょう。お返しは急がないようにするのがマナーです。

4 品選び

相手の年齢、家族構成、趣味、好みを考慮します。親しい相手なら、希望の品をさりげなくたずねても、マナー違反ではありません。

ちょこっとマナー　相手の好みがわからないときは、カタログギフトでもOK。

お返しのルール

お返しが不要の場合

贈り物をいただいたときは、折をみてお返しをするのがならわしです。しかし、礼状だけでかまわないケースもあります。災害見舞いや会社名で贈られた慶弔《けいちょう》の贈答品などは、お返しの品は不要です。また、結婚祝いをいただいた場合も披露宴に招待するのなら、そのことがお礼になるため、改めてお返しの必要はありません。

お返しと内祝いの違い

出産・七五三・受賞・賀寿《がじゅ》・病気全快などの慶事《けいじ》では、内祝いを配ることがあります。内祝いはお祝いの授受にかかわらず、同じ品を一律に贈るのがならわしです。ただし現在では、内祝いもお返しと同じようにみなすことが多くなり、お祝いをいただいた人にだけ内祝いを贈ることが、一般的な傾向です。

これはタブー

縁起が悪いとされるもの

お茶は弔事《ちょうじ》のお返しに用いられることが多いため、縁起が悪いという考えも。漢字で「手巾(てぎれ)」と表すハンカチも、縁を切る意味に通じると避ける人がいます。

目上の人へのタブー品

靴やスリッパ、靴下、ラグ(マット)など、踏みつけるものは避けます。時計は「早く起きる」、エプロンは「働く」というニュアンスがあるので、不適切ともいわれます。

ちょこっとマナー　紙袋に入れた手みやげを渡すときは、袋から出して渡す。

出産・初節句・七五三のお祝い

重要 お祝いを贈るのは親族や親しい人へ

注意 内祝いは赤ちゃんの名前で贈る

お金 内祝いの金額は相手により変わる

出産祝いは早まらず1週間過ぎてからにする

出産祝いは、赤ちゃん誕生後1週間から1か月以内とされています。出産直後の産婦は疲れていますので、お見舞いやお祝いに行くことは、身内以外は遠慮します。

出産祝いは、現金、ベビー服、おもちゃなどが一般的。

初節句や七五三のお祝いは半月前ごろから当日までに

3月3日の桃の節句には、母方の実家からひな人形を、5月5日の端午《たんご》の節句には祖父母などから、こいのぼりや武者人形などを贈るならわしがあります。ただし、現代では、住宅事情や夫婦のライフスタイルを考慮し、現金を贈ることも少なくありません。

生後1~2か月で節句を迎えるときは、翌年に祝うことも多いため事前に確認をしておきましょう。

七五三のお祝いは身内のみで行うことがほとんどですが、ごく親しい相手なら祝い菓子などを贈るのもよいでしょう。

お祝いを贈る場合、初節句は半月ほど前から当日まで、七五三は11月に入ってから当日までに贈るとよいでしょう。

初節句で品物を贈る場合は、1か月前までに届くように。

合わせて確認！ 贈り物の包み方▶P14 名前の書き方▶P12

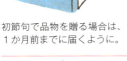

お金の目安　出産・初節句・七五三のお祝いとお返し

いずれのお祝い・お返しも、紅白の蝶結びの水引で、のしをつけます。お返しの表書きは、どのお祝いも「内祝」とします。

贈る相手＼目的	出産	初節句	七五三
きょうだい	1万～3万円	1万～3万円	
親族	1万円	3,000～3万円	5,000～2万円
友人	5,000～1万円	3,000～5,000円	
表書き	御出産祝	初節句祝	七五三祝

お返し

出産
- 産後1か月ごろに子どもの名前で内祝いを贈る。
- お返しの額はいただいたお祝いの半額～3分の1程度。
- 品物は紅白のベビーシュガーや日用消耗品など。

初節句
- お祝いの席に招待した場合は、おみやげに節句菓子を手渡す。
- 招待できなかったときは、1週間以内に子どもの名前で内祝いを贈る。
- お返しの額はいただいたお祝いの半額程度。

七五三
- 神社に参拝後、千歳飴《ちとせあめ》や赤飯などを持参して、お礼のあいさつにうかがう。
- お礼にうかがえないときは、1週間以内に子どもの名前で内祝いを贈る。
- お返しの額はいただいたお祝いの半額程度。

プラスの気配り　内祝いには子どもの写真を添えて

内祝いには、プリントアウトした子どもの写真を添えるようにしましょう。お祝いの品をいただいたときは、それらと子どもがいっしょに写った写真にします。内祝いはすべて子どもの名前で贈ります。

ちょこっとマナー　赤ちゃんのいる家へ招待されても、風邪など体調がすぐれないときは遠慮する。

入園・入学のお祝い

期間 入園・入学の1か月前〜当日
お金 中学生以上なら現金のお祝いでも可
重要 お礼は子ども本人からも述べさせる

お祝いを贈るときは相手の希望を確かめて

入園や入学に際しては、家族でお祝いするのが一般的です。子どもの成長を喜び、新しい集団生活に向け緊張している子に、やさしい言葉で門出のエールを送ってあげましょう。

親族などへお祝いを贈る場合は、親に希望の品を聞いてもよいでしょう。学習机など高額なものの場合は、購入する際の補助として現金を贈る方法もあります。

お金の目安　入園・入学のお祝いとお返し

贈るタイミングは、入園・入学の1か月前から当日までです。いずれも紅白蝶結びの水引で、のしつきにします。入園や小学校入学では、文房具や本など品物を贈るのが一般的です。中学生以上は現金でもよいでしょう。

入学先	金額	表書き
幼稚園・保育園	3,000〜1万円	御入園祝
小学校	5,000〜1万円	祝御入学
中学校	5,000〜1万円	祝御入学
高校	1万〜2万円	祝合格／御入学祝
専門学校・短大・大学	1万〜2万円	合格祝／御入学祝

お返し

入園・入学祝いのお返しは不要とされているが、現在は、いただいた額の半額程度の品を「内祝」の表書きで贈ることが多くなっている。お礼は、本人から礼状を書くか、電話で伝えるようにする。目上の人とのコミュニケーションを学び、社交性を身につけるよいチャンス。

合わせて確認！ 贈り物の包み方▶P14　名前の書き方▶P12

プラスの気配り

第一志望でない場合でも門出を祝って

いわゆるお受験に失敗したときでも、門出は温かく祝ってあげましょう。表書きは「御祝」や「御入学祝」で。贈るタイミングは、先方からの報告を聞いてからにします。

品物選びに迷ったら現金で

お祝いの品に迷ったら、現金がよいでしょう。図書や文具のギフトカードもありますが、中学生以上になると好みも多様化し、本人の希望とマッチするとは限りません。

感謝の気持ちが伝わるお返し

子どもには、礼状を書かせたいものです。はがきに「ありがとう」のひと言でも、相手はうれしいものです。また、子どもの晴れ姿は、祖父母や親族にとっても楽しみなもの。内祝いには写真を添えるとよいでしょう。

これはタブー

入学祝いの先走り

受験に合格してもその学校へ入学するとは限りません。第１志望校の合格発表前であったり、大学受験なら浪人することもあります。入学祝いは、入学することが決まったことを聞いてから贈ります。

ちょこっとマナー　お祝いで商品券や図書カードをもらったときは、購入したものを報告する。

卒業・就職のお祝い

卒業祝いは入学・就職のお祝いと兼ねてもよい

小中学校の場合は、その後も学校生活が続くことがほとんどなので卒業祝いは必要ないでしょう。高校・大学の卒業に際しては、進学や就職が重なるので、両方を兼ねてお祝いすることが多いようです。成人のお祝いは、親や祖父母が贈るのが一般的。成人式で着る振袖やフォーマルなスーツのほか、その後の進路に役立つようなものを考えてもよいでしょう。

重要 今後の進路に役立つ品を考える

お金 5000～2万円までが相場

注意 就職のお礼の品は初給料で返す

就職祝いの品の例

◆ スーツ

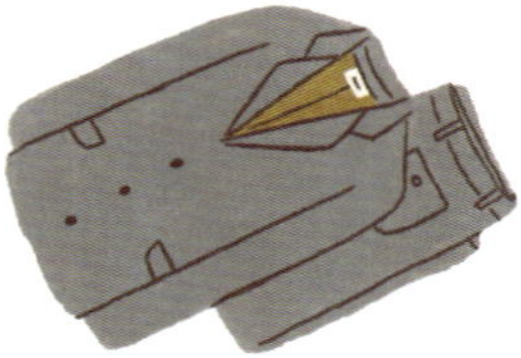

◆ ビジネスバッグ

◆ 時計

◆ アクセサリー

◆ ノートパソコン

◆ 携帯タブレット

合わせて確認！ ｜ 入学のお祝い▶P22 贈り物の包み方▶P14

お金の目安 卒業・就職・成人のお祝いとお返し

いずれも紅白蝶結びの水引で、のしつきにします。卒業祝いは、就職祝いや入学祝いを兼ねて贈ることが多いでしょう。

贈る相手＼目的	卒業・就職	成人のお祝い
きょうだい	1万～2万円	1万～2万円
親族	1万～2万円	1万～2万円
友人の子	5,000～1万円	5,000～1万円
表書き	卒業祝／御就職祝	御成人祝

お返し

【卒業・成人のお祝い】

電話や手紙で、必ず本人からお礼を述べるのがマナー。贈り主が親の知人なので本人と面識がない、という場合でも、本人からお礼の気持ちを伝える。成人式で晴れ着を着たら礼状に写真を添えるとよい。

【就職祝い】

お返しは、礼状を添え初給料で購入した菓子折りなどを持参して、あいさつにうかがうのがベスト。表書きは「御《ご》挨拶《あいさつ》」「松の葉」などとする。「松の葉」とは、ささやかな贈り物という意味で「寸志」と同じ。遠方の場合などは、お礼と近況を知らせる手紙を送る。

プラスの気配り

卒業・成人のお祝いも社会人なら相応のお礼を

卒業・成人のお祝いに、お返しは不要とされますが、すでに社会人としての収入がある場合は、本人が手みやげをもって先方へお礼にうかがうか、内祝いを贈ります。また、先方に同様の祝いごとがあった場合は、自分が受けたときと相応の贈り物をします。

ちょこっとマナー　就職祝いのタイミングは入社式前。内定が出た段階では早すぎる。

こんなときは?

お祝いの贈り物Q&A

Q 相手の慶事と弔事が重なったときは?

A 原則は弔事《ちょうじ》を優先するため、お祝いは贈りません。しかし最近では、少し時期をずらしてお祝いを贈るケースもあるようです。その場合は、四十九日が過ぎてからにします。

Q 「お盆玉」という慣習は本当にあるの?

A お盆玉はお正月のお年玉（▶P31）のように、お盆に子どもにあげるお小づかいのことです。日本郵便がお盆玉用のポチ袋を売り出したところ、帰省した孫にお小づかいをあげるシニア世代を中心に人気が出たようです。

Q 子どものいる家を訪ねるときの注意は?

A 初節句のお祝いなどで赤ちゃんや幼児のいる家庭に招かれたときは、次のようなことに気をつけましょう。

- 体調の悪いときは遠慮する
- 禁煙を守る
- 爪は短くしておく
- きつい香水は控える
- 授乳のときは、席を外す

Q 出産祝いに高いものをリクエストされた……

A ベビーカーなど値が張るものは、**友人何人かでお金を出し合い贈る方法もあります**。あるいは、無理のない範囲のお祝いを包み「ベビーカー購入の足しにしてね」とひと言つけ加えましょう。いずれにせよ、**お祝いは分相応が基本**です。背伸びする必要はありません。

Q 一貫校に入学した場合の進学祝いは？

A 私立では、小学校から大学まで内部進学することもあります。このようなときは、**進学のつどお祝いをする必要はない**でしょう。ただ、家族ぐるみで親しくしているなど、本人とも日ごろから親しいなら、お祝いをしてあげるに越したことはありません。

Q 子どもがいないので贈るばかり……

A お返しを期待して贈っているわけでなくても、ひっかかるものを感じるのなら、無理して続けることはありません。本人からのお礼もないようなら、お祝いの張り合いも薄れてしまいます。**儀礼的なおつき合いはやめてもよい**でしょう。

Q 内祝いは両親にも贈るもの？

A **内祝いは、本来、身内には贈りません**。しかし現代では、「内祝いはいただいたお祝いのお返し」というニュアンスが強く、**両親でも、お祝いをもらったら内祝いを贈るという考えも**あります。また、地域独特のしきたりがあることも。迷ったときは、表書きを「御礼」にして贈ればよいでしょう。

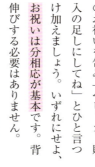

お中元・お歳暮の贈り物

- 注意　贈る時期に合わせた表書きにする
- お金　金額は毎年ほぼ同じにする
- 重要　送り状、お礼状を忘れずに送る

先方の好みのものをタイミングよく贈る

お中元とお歳暮は、日ごろお世話になっている人に感謝の気持ちを表すものです。それぞれ贈る時期が決まっているので、タイミングを逃さないことがマナーです。品物だけでなく、はがきなどであいさつ状を出すと心が伝わります。

贈る品は、先方の家族構成や好みを考慮して選びましょう。お中元とお歳暮、どちらか一方にする場合は、お歳暮を優先します。

贈るタイミングと表書き

	表書き	贈る時期
お中元	御中元	7月上旬～7月15日（地方による）
	暑中御見舞	7月16日～立秋（8月8日ころ）前日まで
	暑中御伺《お うかがい》	「暑中御見舞」と同じ時期で目上の人に贈る場合
	残暑御見舞	立秋以降、白露《はくろ》（9月8日ころ）前日まで
	残暑御伺	「残暑御見舞」と同じ時期で目上の人に贈る場合
お歳暮	御歳暮	12月上旬～12月20日ころ
	御年賀	年明け～松の内（1月7日）まで
	寒中御見舞	松の内以降、立春（2月3日ころ）前日まで
	寒中御伺	「寒中御見舞」と同じ時期で目上の人に贈る場合

- ▶地方によっては、お中元の時期が異なることもあります。月遅れの旧盆を迎える地方は、8月15日までに贈ります。
- ▶贈る時期に合わせて、表書きを変えましょう。
- ▶仕事関係や持参して手渡しする場合は外のし、配送する場合は内のしが多いようです。

合わせて確認！ | 贈り物の包み方▶P14　名前の書き方▶P12

お金の目安 お中元・お歳暮を贈る相手と金額

贈る相手	金額
勤務先の上司	5,000円前後
親・親戚	3,000～5,000円
友人・知人	3,000～5,000円
仲人	5,000円前後

贈りたい品物 ベスト5

1. ビール
2. 菓子類
3. ハム
4. ジュース
5. 調味料

もらいたい品物 ベスト5

1. 商品券
2. ビール
3. ハム
4. 菓子類
5. カタログギフト

NTT西日本調べ（2015）

プラスの気配り

いただいた場合には3日以内に礼状を

はがきでよいのですぐに礼状を。無事着いたというお知らせにもなります。基本的にお返しは不要とされますが、気になるときはお礼のメッセージを添え、受け取ったものの半額程度の品を贈るとよいでしょう。その場合は、時期を少しずらします。お中元をいただいたなら「暑中御伺」などの名目にします。

受け取れないときは理由を明確に

社内の取り決めで受け取れないこともあるでしょう。そういった場合は、上から包装し直して返送します。その際、受け取れない旨を明記したあいさつ状を添えましょう。

ちょこっとマナー 毎年ではなくその年だけ贈り物をしたいときは、表書きを「御礼」とする。

年始のあいさつの贈り物

重要 目下が目上の人の自宅へ出向く

期間 1月2日～7日までにうかがう

お金 お年玉はお小づかい1か月分が目安

元日を避け松の内の間にうかがう

年始のあいさつは、日ごろお世話になっている方の自宅に出向くもので、年始回りともいいます。うかがう場合は、暮れのうちに先方の都合を確かめておき、1月7日ごろまでに出向きます。子連れは避け、大人だけでたずねます。年賀の品は、お歳暮を贈っていても簡単なものを用意しましょう。贈っていなければ、ある程度改まった品にします。

年始のあいさつのマナー

あいさつ例

あけましておめでとうございます。本年もどうぞよろしくお願い申し上げます。（年賀の品を出す）こちら、気持ちばかりですが、ごあいさつのものです。どうぞお納めください。

うかがう先

職場の上司、恩師、お稽古《けいこ》ごとの先生、仲人、先輩など日ごろお世話になっている目上の人をたずねます。カジュアルすぎない、やや改まった服装がよいでしょう。

訪問中

玄関先であいさつをしたら、年賀の品を渡して帰ります。とくにすすめられたら、家に上がってもよいですが、長居はしないようにします。

タイミング

元日は避け、1月2日～7日の間に出向きます。毎年決まった日時にうかがうのがよいでしょう。

合わせて確認！ | 個人宅を訪ねるときの基本マナー▶P102

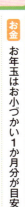

お金の目安 お年賀とお年玉を渡す相手と金額

お年玉の目安は、あげる子どもの1か月分のお小づかい程度です。親戚同士で「小学生は○円」と決めておくのもよいでしょう。子どもと親がそろっているときに渡すようにします。

	贈る相手	金額
お年賀	お歳暮を贈った人	1,000円前後
	お歳暮を贈っていない人	3,000～5,000円
お年玉	小学校入学前	1,000円
	小学生	1,000～5,000円
	中学生	3,000～5,000円
	高校生	5,000～1万円
	大学生	1万円
	両親	1万～3万円

プラスの気配り

お年玉の表書きは相手に合わせて

お年玉は、毎年、元日に家にやってきて福をもたらすといわれる歳神様《としがみさま》へおそなえしたものを、年長者が年少者へ分け与えたことが始まりとされます。そのため、親や年長の親族への表書きは「お年玉」ではなく「お年賀」、上司の子どもなどに贈るときは「文具料」などとします。

◆親や祖父母など目上の人へ

◆上司の子どもへ

ちょこっとマナー お年賀の表書きは「年賀」が一般的だが、目上の人には「賀正」「御慶」とする。

引越しのあいさつと新築祝いの贈り物

期間　引越し先のあいさつは当日か翌日に
重要　新築祝いは相手の趣味を考慮する
注意　火を連想する贈り物は避ける

引越し先でのあいさつの範囲

【戸建て】

向こう三軒両隣＋裏手の家＋自治会長宅

自宅の両隣と、向かいの家とその両隣、自宅の裏手の家にあいさつするのが基本。そのほか町会長など自治会の代表の家にも出向く。

【集合住宅】

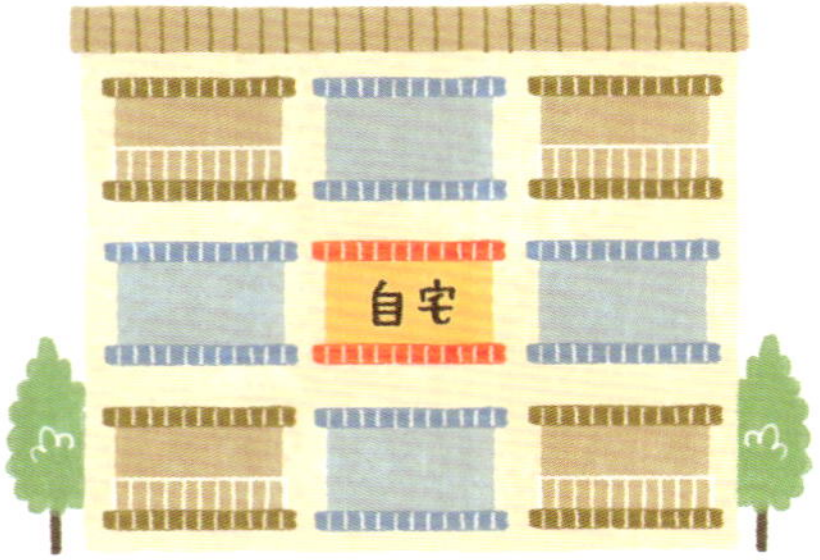

上下＋両隣＋管理人

自室の真上と真下の部屋、自室の両隣、大家・管理人へのあいさつが基本。女性のひとり暮らしは防犯上の不安もあるため、あいさつが必要かどうか、管理人などに相談を。

引越しのあいさつは早めに。新築祝いは現金でもＯＫ

知人への引越しの連絡は1か月ほど前にすませ、転居先では当日か翌日にはあいさつ回りをします。新築祝いの品は、新築披露に招かれた日に持参します。相手の好みや家のテイストを考慮すると、インテリア用品は避けるほうが無難。出費がかさむときなので、現金や商品券も喜ばれますし、好きなものを選んでもらえるインテリアカタログなどがおすすめです。

合わせて確認！　ご近所とのおつき合いマナー▶P50

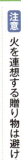

お金の目安

引越しのあいさつと新築祝いの贈り物の金額

いずれも、紅白蝶結びの水引で。引越しの贈り物の表書きは「御挨拶《ごあいさつ》」で、新築戸建てのお祝いの表書きは「御新築祝」とします。リフォームやマンション購入の場合は「御祝」とします。

お返し

新築披露に招待した場合は不要。招かない場合にはお祝いの半額程度の品を送る。表書きは「内祝」にする。

	贈る相手	金額
引越	引越前のご近所	500～3,000円（洗剤や食品などの消耗品）
引越	引越先のご近所	500～1,500円（石けんなど日用品）
新築祝い	親族・きょうだい	1万～5万円
新築祝い	友人・知人	5,000～2万円

これはタブー 新築祝い編

火を連想する贈り物

ライターや灰皿

暖房器具

バーベキューセット

炎をイメージする赤い色彩のもの

「踏む」贈り物

スリッパ

マット（ラグ）など

ちょこっとマナー オートロックのマンションは、エントランスのインターホンから連絡を。

さまざまなお見舞いの贈り物

重要 快気内祝いは、全快したときに

お金 災害見舞いは白無地封筒に入れる

注意 病気見舞いにはタブーの花あり

病気見舞いは時期をみて、災害見舞いはいち早く

病気見舞いは特別のケースを除いて、早ければいいというものではありません。まずは、家族に本人の容態をたずね、見舞いに行っても差し支えないかどうか、本人の意向を聞いてもらいましょう。

風水害や火事などの被災者には、形式的なお見舞いは無意味です。現金を贈るときは手渡しにこだわらず、振込など相手の負担にならない方法でいち早く渡します。

お見舞いの贈り物

【病気見舞い】

食事療法を受けている場合もあるため、食品を贈るときは事前に確認する。タオルやパジャマ、軽い読み物などが一般的。入院が長期にわたるときは、現金でも失礼にはならない。

【災害見舞い】

まず先方の状況を確認して、近くならば駆けつけて手伝う。遠方の場合は、見舞いを贈るなどする。

【陣中見舞い】

陣中見舞いは、運動部の合宿や、会社をあげての販促キャンペーン中の職場などへ、激励を目的として物品を贈るもの。食品や飲み物が一般的。

ちょこっとマナー お見舞いは短時間ですませ、大人数で行くのは避ける。

お金の目安　病気見舞いの金額

紅白蝶結びの水引で、表書きは「御見舞」とします。仕事関係者への見舞金は、職場の規定に沿います。

贈る相手	金額
両親	1万～3万円
きょうだい	1万～2万円
親戚	1万～2万円
仕事関係	5,000～1万円
友人・知人	3,000～1万円

お返し

退院1～2週間後をめどにお見舞いの3分の1～半額程度の品を返す。表書きは「快気祝」「快気内祝」などだが、退院後に自宅療養となる場合は「退院祝」とすることも。

これはタブー　病気見舞いのタブーの花

◆鉢植え
寝（根）つくに通じる。

◆白い花
お悔やみごとに用いられる。

◆菊
お悔やみごとに用いられる。

◆椿
花が花首から落ちるため。

◆ポピー
花びらが散りやすい。

◆シクラメン
「死苦（シク）」の連想。

◆香りや花粉が強い花
迷惑になる。

※病院によっては、感染症予防のため、花の持ち込み自体を禁止しているところもあります。

ちょこっとマナー　目上の人へのお見舞いは、表書きを「御《お》伺《うかがい》」とする。

こんなときは？
おつき合いの贈り物Q&A

Q お中元・お歳暮を今年限りにしたいときは？

A 毎年贈っていたものを急にやめるのは気が引けますが、事情がある場合は段階を踏みます。最初の年はお中元をやめ、翌年はお歳暮もやめるとよいでしょう。

Q 入院・退院を知らずお見舞いに行けなかった！

A 元気になって退院している場合は「退院祝」として贈ります。石鹸や洗剤、果物や菓子折り、お茶類などが一般的です。退院後も自宅療養中の場合は「御見舞」としますが、出向く前には、病院へのお見舞い（▼P34）と同じように先方の都合に配慮します。

Q 喪中の人へお中元やお歳暮は控えるべき？

A とくに控える必要はありません。なぜなら、お中元やお歳暮はお祝いではなく、日ごろお世話になっていることへのお礼だからです。気になるなら、それぞれ時期をずらして「暑中見舞」や「寒中見舞」にしてもよいでしょう。

Q 病院スタッフにお礼をするときの表書きは？

A 金品の授受を禁じている病院もあるので、まずは確かめてから。お礼をする場合の表書きは「御礼」です。「快気祝」ではありません。

Q お中元やお歳暮は退職した上司にも必要？

A 仲人《なこうど》をしてもらったなど、特別にお世話になった人でないならばやめてもよいでしょう。ただし、退職した途端にやめてしまうと、先方にドライだと思われるかもしれません。1年ほどは続け、段階を踏んでやめるとよいでしょう。

Q 毎年、好みでないお歳暮が届く……

A せっかくの贈り物でも、親しい相手ではない限り自分の好みは伝えにくいもの。贈り物は、好みでなくてもそのまま受け取るのが礼儀です。お礼状を出す際に「我が家ではもったいないもので……」などと書くと察してくれることがあるかもしれませんが、可能性は低いでしょう。苦手な贈り物は、周囲の人へのおすそ分けにするなど、割り切ることも必要。お歳暮自体を断るのなら、「今後はそのようなお気づかいはなさいませんようにお願い申し上げます」と礼状に書き添えます。

Q 現金を贈るとき気をつけることは？

A 現金を贈るのは失礼という考え方もありますが、好みに合わない品より、現金のほうがうれしい、という人は少なくありません。気になるときは、表書きを「御菓子」「御花」などにすればスマートです。

ショッピングでの常識マナー

"お客さま"と呼ばれますが、「お金を出すからえらい」という態度はNG。客としてのマナーを心得てふるまいましょう。

商品を手に取る前にひと声を

高級ブランド店などで商品を手に取るときは、スタッフに声をかけてからにします。とくに革製品は、傷や汚れがつきやすいため、高級店でなくとも、「見せていただけますか」とひと声かけるのがマナーです。

どんな商品でもていねいに扱う

当然ですが、お店にある商品はお金を出して買うまで自分のものではありません。価格や商品の質にかかわらず、手に取るときや試着するときは、ていねいに扱いましょう。勝手にパッケージを開けたりするのもＮＧです。

手に取ったものはもとの場所へ

手に取った商品は、もとの位置に戻すようにしましょう。スーパーなどでも同じです。フロアが違う、店内が広いなど、どうしても戻すのが大変な場合は、「もとの棚に戻していただけますか」と店員さんにお願いしましょう。

どの店でも店員への態度を変えない

高級店でもコンビニでも、客だからといって態度を変えるのはみっともありません。「お願いします」「ありがとうございます」と基本的なあいさつをはじめ、どんな場所でもていねいなコミュニケーションをとることがマナーです。

商品撮影はしないのが基本

店内での撮影を禁止しているお店は多いもの。買うものを迷って家族に相談したいなど、理由がある場合は必ずお店側に許可を取りましょう。本や雑誌の中身を撮影するのは「デジタル万引き」とも言われ、モラルが問われます。

2章

年中行事とおつき合いのマナー

伝統的な年中行事は、年々見直されています。年中行事のルールなどを知って、暮らしの中に四季を感じてみましょう。また、ご近所や親戚、友人などとのおつき合いも大切な日常の暮らしです。良好なコミュニケーションが取れるよう、マナーを心得ておきましょう。

季節を感じる年中行事

重要　行事にはそれぞれ意味がある

期間　行事は地域によって時期が異なることも

注意　お祝いごとも節度をもって行う

四季折々の伝統行事

【春】

おもな行事
- ひな祭り
- 卒業式・入学式
- 春彼岸
- お花見

【新年】

おもな行事
- 門松
- おせち料理
- おそなえ
- 初詣

【冬】

おもな行事
- 酉《とり》の市
- 冬至
- クリスマス
- 正月準備
- 大みそか
- 節分
- バレンタインデー

【秋】

おもな行事
- お月見
- 敬老の日
- 秋祭り
- 秋彼岸
- ハロウィン

【夏】

おもな行事
- 端午《たんご》の節句
- 母の日
- 父の日
- お盆

しきたりや伝統を家族で祝い伝えるチャンス

　時代は変わっても新年を祝うしきたりが続いているように、日常生活に定着している年中行事は、少なくありません。由来などを知れば、形式的に祝うよりもさらに楽しいものになるでしょう。

　年中行事は、季節の移り変わりを愛《め》でつつ家族の健康と幸せを願うわが家のプチセレモニーです。地域の伝統やしきたりを、子どもに伝えるチャンスでもあります。

ちょこっとマナー　行事は、地域や各家庭の祝い方を尊重する。

1年間の行事

1月

【鏡開き（11日）】

鏡餅を下げてお汁粉などにしていただきます。元来は武家社会の習慣で主従の絆を結ぶ意味がありました。現代では家庭円満を祈願します。

【成人の日（第2月曜日）】

国民の休日。満20歳を迎えた男女を祝います。冠婚葬祭の冠は、かつての元服《げんぷく》加《か》冠《かん》の式、現代の成人式のことです（▶P24）。

そのほかの行事

- **初詣**
  松の内の間に神社・寺院にお参りする。
- **年始回り**（▶P30）
- **書き初め**
  2日に書道の上達を願って行う。
- **寒げいこ**
  5日ごろの小寒《しょうかん》から2月4日ごろの寒の明けまでの稽古。身体と技術の鍛練を目指す。

【元日（1日）】

家族で「明けましておめでとうございます」とあいさつを交わし、お屠蘇《とそ》で祝います。1～3日までの三が日は、おせち料理やお雑煮を食べて1年の幸せを願います。1～7日までを松の内といいます。

【七草がゆ（7日）】

朝、春の七草を入れた餅入りのおかゆを食べます。古くは豊作を祈る行事だったが、のちに疫病を予防し厄を払う意味になりました。

ちょこっとマナー おせち料理などの祝い膳は、両端が細くなっている祝い箸でいただく。

2月

【節分（3日ごろ）】

立春（冬至と春分の中間の日）の前日のことをいいます。災難や悪霊を豆の力で追い払い福を招き入れるという豆まきをします。厄払いとしてひいらぎの小枝にいわしの頭を刺したものを、玄関先につるすこともあります。

【針供養《はりくよう》（8日）】

1年間使って古くなった針を豆腐などやわらかいものに刺して供養し、裁縫の上達を願います。

【バレンタインデー（14日）】

愛の守護聖人とされる聖バレインタインにちなんだ日。日本では、女性が男性にチョコレートを贈り、愛を告白する日とされています。

3月

【桃の節句（3日）】

「上巳《じょうし》の節句」ともいい、女の子の成長を祝い、ひな人形や桃の花を飾るひな祭りを行います。ひな人形は、1～2週間前から飾りますが、節句の翌日には片づけるのがならわしです。

【春彼岸《はるひがん》（21日ごろ）】

春分の日の前後7日間を春彼岸といい、お墓参りをして祖先の霊を供養します。春彼岸にはこしあんを使った「ぼたもち（牡丹餅）」を食べます。

【お花見（下旬～4月上旬）】

おもに桜の花を観賞することで、平安時代に貴族の間で広まり、江戸時代に一般的になりました。現在は、外国人観光客にも人気で、各地の桜の名所には大勢の旅行客の姿もあります。

ちょこっとマナー　ひな祭りに招待されたら、桃の花やお菓子を手みやげで持参するとよい。

4月

【花祭り（8日）】

仏教では釈迦の誕生日で「灌物会《かんぶつえ》」「仏生会《ぶっしょうえ》」ともよばれます。寺院では境内に花御堂《はなみどう》を設けて花で飾り、この中に釈迦像を安置します。参拝者は、釈迦像の頭からひしゃくでくんだ甘茶を3回注ぎかけ、合掌して拝みます。

【エイプリルフール（1日）】

由来は諸説ありますが、うそをついてもかまわないとされる日で、日本で広がったのは大正時代といわれます。他人を傷つけたり心配させたり、社会的な混乱を引き起こすようなうそはNGです。

【入園・入学式（上旬）】

子どもにとっては、初めての集団生活・社会生活に向けての大切なスタートとなります。決まったしきたりなどはありませんが、地域によっては祝い方や祝われ方に独特な慣習があることも（▶P22）。

そのほかの行事

- **ホワイトデー**
  3月14日にバレンタインデーのお返しをするとされている。日本だけの習慣。
- **卒園・卒業式**
  （▶P 24）
- **イースター（復活祭）**
  キリストの復活を祝う祭り。春分の日以降の最初の満月の後の日曜日で、3月22日～4月25日の間。イースターのシンボルは、イースターエッグと呼ばれるカラフルな卵。

これはタブー　お花見編

折らない・登らない・ゆすらない

桜は見て愛《め》でるものです。枝を折ったり、ゆすったりしてはいけません。

大騒ぎ

集団での大騒ぎは近隣住民の大迷惑です。大音響のカラオケなどもってのほか。

ちょこっとマナー　入園・入学試験の結果は、こちらからたずねず先方からの連絡を待つ。

5月

〖八十八夜《はちじゅうはちや》（2日もしくは3日）〗

立春から数えて88日目にあたる日です。種まきや茶摘みを迎える時期で、この日にお茶を飲むと長生きするといわれています。

〖端午《たんご》の節句（5日）〗

「菖蒲《しょうぶ》の節句」ともいい、男の子の健やかな成長を祈る行事です。こいのぼりを立て、五月人形を飾り、かしわ餅やちまきを食べます。「こどもの日」で国民の祝日でもあります。

〖母の日（第2日曜日）〗

母に感謝する日で、母親に赤いカーネーションを贈ります。

6月

〖夏の衣替え（1日）〗

平安時代に宮中で行われるようになったとされます。四季の変化がある日本ならではのものです。和服にも衣替えのルールはあり、6月から9月までは、裏地をつけない「単《ひとえ》」を、10月から5月までは裏地のついた「袷《あわせ》」を着るものとされています。

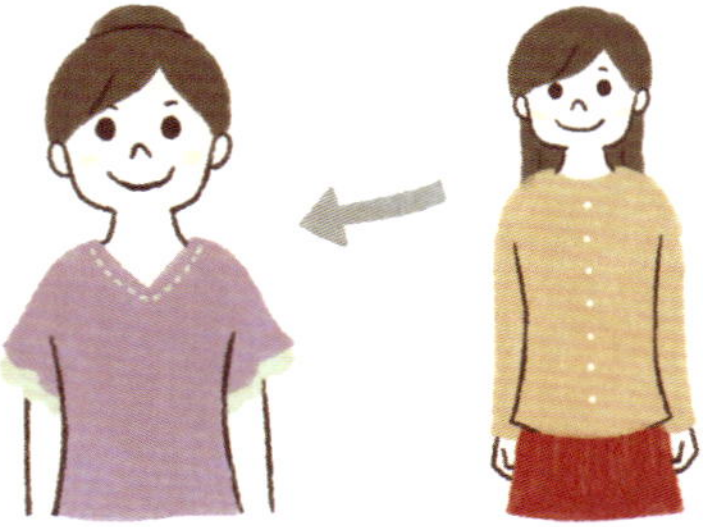

〖父の日（第3日曜日）〗

父に感謝する日で、父親に白いバラを贈ります。

〖夏至《げし》（21日ごろ）〗

北半球では1年で最も昼の時間が長く夜が短い日。太陽が黄道上の最北点を通過します。地域によってはこの日にタコを食べることもあります。

ちょこっとマナー　母の日、父の日のプレゼントは、実家だけでなく義理の親にも贈ると喜ばれる。

7月

【七夕（7日）】

天帝の怒りに触れ、天の川で隔てられてしまった牽牛《けんぎゅう》（ひこ星）と織女《しょくじょ》（おり姫）が、年に1度、7月7日の夜にだけ会えるようになったという中国の伝説によります。願いごとを書いた短冊などを笹竹につるして飾ります。

【お中元（上旬〜15日）】

お世話になっている人へ、夏のあいさつとして贈り物を贈る慣習です（▶P28）。

【暑中見舞い（16日〜8月8日ごろ）】

親しい人などへ、夏のあいさつ状として「暑中見舞い」と書いたはがきを送ります（▶P211）。

8月

【お盆（13日〜16日）】

期間は地方によって旧暦の7月13日〜16日のこともあります。祖先の霊を供養する仏教行事のことで「盂蘭《うら》盆《ぼん》」ともいいます。期間中は、各地で盆踊り大会が行われます。

迎え火・送り火

13日の夕方に、門口でおがらなどを燃やす迎え火をたいて祖先の霊を迎える。16日の夕方には、送り火をたいて先祖を見送る。

盆棚の飾り方

お盆には仏壇の前に盆棚（精霊棚）をしつらえ、水、季節の野菜やくだものをそなえる。きゅうりやなすに、ようじなどで足をつけて先祖の霊が乗ってくる馬や牛に見立てたものを置く。仏壇の扉は閉める。

ちょこっとマナー　立秋（8月8日ごろ）を過ぎた夏のあいさつは、残暑見舞いになる。

9月

〖お月見（中旬）〗

満月の月を「中秋《ちゅうしゅう》の名月」「十五夜」などと呼んで愛《め》でる風習です。すすきなど秋の七草（すすき、ききょう、なでしこ、おみなえし、ふじばかま、くず、はぎ）を飾り、お団子や里芋をそなえることもあります。

〖重陽《ちょうよう》の節句（9日）〗

五節句のひとつ。奇数は縁起がよいと考えられ、九が重なるのは特別めでたい日とされました。「菊の節句」ともいい、菊を飾り、家族の長寿祈願をします。地方によっては、菊を浸した酒を飲むこともあります。

〖秋彼岸《あきひがん》（23日ごろ）〗

秋分の日の前後７日間を秋彼岸といい、春の彼岸と同じようにお墓参りをして先祖を供養《くよう》します。秋の彼岸には、つぶあんを使った「おはぎ（御萩）」を食べます。

〖敬老の日（第3月曜日）〗

お年寄りをいたわり、長寿を願う日です。聖徳太子が身寄りのない老人や病人を救護する「悲田院《ひでんいん》」を建立した９月15日にちなんだという説があります。

ちょこっとマナー 年配者を敬う気持ちは大切だが、高齢者という決めつけは失礼にあたる場合も。

10月

【ハロウィン（31日）】

もともとはケルト民族の宗教儀式で、秋の収穫を祝い、悪霊を払う儀式でした。仮装した子どもが、大人からお菓子をもらう風習がありますが、日本では若者が仮装を楽しむイベントとしての趣向が強くなっています。

【冬の衣替え（1日）】

夏服から冬服への入れ替えを行います。制服やユニフォームなどが決まっている学校や職場では、夏服から冬服にいっせいに替えることがあります。

【十三夜（中旬）】

９月の「中秋の名月」に対して「名残の月」「後の月」と呼ばれます。豆や栗をおそなえするため「豆名月」「栗名月」ともいわれます。

これはタブー ハロウィン編

仮装のまま公共の乗り物に乗る

血糊《ちのり》などがついた姿で電車やタクシーに乗ると座席を汚してしまうことがあります。

トイレを占領

会場近くのトイレを占領して、メイクや着替えを行うのはやめましょう。

ちょこっとマナー ハロウィンでも、見知らぬ子どもにお菓子をあげるのは避けたほうがよい。

【酉《とり》の市《いち》（酉の日）】

商売繁盛の神をまつる鷲《おおとり》神社の祭礼。福をかき集めるといわれる熊手を購入したら、神棚や鴨居に飾ります。酉の日は12日に1回めぐるので、年により2回行われるときと、3回のときがあります。最初の酉の市を一の酉、次いで二の酉、三の酉といい、三の酉まである年は火災が多いという言い伝えがあります。

【七五三（15日）】

子どもが3、5、7歳に達した年に、地域の氏神様《うじがみさま》を参拝して子どもの成長を感謝し、今後の健やかな日々を祈願する行事です。元来は朝廷や貴族の儀式だったとされます（▶P20）。

◆七五三の衣装

3歳【髪置《かみおき》】

晴れ着に兵児帯《へこおび》を結び、袖なしの上着（被布《ひふ》）を重ねる。

5歳【袴着《はかまぎ》】

色紋つきの羽織に袴をはく。

7歳【帯解《おびとき》】

本仕立ての振袖を着て、丸帯を結ぶ。

ちょこっとマナー 七五三を10月に行う地域も。お祝いを贈るときは時期を確かめて。

12月

クリスマス（25日）

イエス・キリストの生誕を祝う日。現代では宗教的色彩は薄れ、家族そろってごちそうを囲んだり、プレゼント交換をしたりして楽しむイベントとなっています。

お歳暮（上旬～20日ごろ）

お世話になっている人への贈答の慣習です（▶P28）。20日を過ぎてしまった場合は、年明けにお年賀として贈ってもよいでしょう。

大みそか（31日）

1年で最後の日は「大つごもり」ともいわれ、いろいろなしきたりがあります。よく知られているのは「年越しそば」。そばは長くてコシがあることから、健康長寿の縁起かつぎとして好まれています。除夜の鐘を聞きながら新年を迎え、家族で新年のあいさつを交わします。年が明ける前に、初詣にでかけることを「2年参り」といい、各地の有名神社には例年多くの人が集います。

正月事《しょうがつごと》始め（13日～）

新年を迎える準備を始める日とされます。門松やしめ飾りなどは12月26日から28日までの間、または30日に飾ります。29日と31日に飾るのは、縁起がよくないとされています。

冬至（22日ごろ）

二十四節気のひとつ。1年で最も昼が短い日です。かぼちゃやゆず湯に入り、「ん」のつくれんこん、みかん、こんにゃくなどを食べると1年間風邪をひかないといわれます。

ちょこっとマナー　お歳暮を贈る場合は、お中元と同等か、それよりもやや高めのものを贈る。

ご近所とのおつき合いマナー

重要　最低限のルールとマナーは守る
注意　プライバシーを尊重してつき合う
注意　自分から地域になじむことも大切

ルールとマナーを守ることが生活のクオリティを上げる

毎日を快適に過ごすためには、近所づき合いは避けて通るわけにはいきません。他人とは関わりたくないという場合でも、最低限守らなければならないことがあります。それは居住地のルールとマナー。ルールはゴミ出しなどの決まりごと、マナーはあいさつなどの基本的礼儀です。単身者でも家族でも、この習慣がご近所とのよい関係をつくるベースになります。

ご近所づき合いに必要なこと

ルールを守る

- ゴミ出しルール厳守。引越し直後はとくに注意。
- 自治会（町内会）の決まりごとには従う。
- 地域行事にはなるべく参加。

モラルを持つ

- 他人の生活を尊重する。
- お互いのプライバシーに深入りしない。
- 「お互いさま」の精神を忘れない。

マナーを忘れない

- 引越しのあいさつは必須。
- 日常のあいさつは自分から進んで。
- わが家がトラブルの種をまいていないかチエック。

ちょこっとマナー　3日以上不在にするときはお隣にひと声かけておく。

気持ちのよいご近所づき合いのコツ

地域になじむ努力も必要

はじめての土地なら自治会に加入するのもおすすめ。単身者世帯でも、防災・防犯に役立つ地域の生活情報は大切です。

あいさつは先手必勝

相手が大人でも子どもでも、同じように自分から進んであいさつを。

金銭の貸し借りはＮＧ

たとえ親密な関係であっても、金銭の貸し借りはしないほうが賢明。子どもがいる場合は、子どもにも言い聞かせておきましょう。

うわさ、陰口はスルーする

近所の人のプライバシーに関するうわさや陰口は、言わない・聞かないのが原則。うわさ好きの人の話は、あたりさわりなくスルーすることも必要です。

苦情の伝え方にひと工夫

ご近所への苦情は、申し立てるよりもお願いするスタイルのほうが角が立ちにくいもの。集合住宅では、管理人などを通して伝えるほうがベターです。

ちょこっとマナー　おみやげなどのお礼は、人前を避け、当人とふたりだけのときに伝える。

こんなときは？

ご近所マナーQ&A

Q 引越しのあいさつのタイミングは？

A 元の居住地には引越し当日の2～3日前から前日まで、新居住地には当日か翌日がベストタイミングです。あいさつ回りには、家族そろってが原則です。

Q 引越しのときのあいさつの範囲は？

A 戸建てなら向こう三軒と両隣プラス裏の家。集合住宅は、両隣および上下の家と管理人か大家さん。どちらも、自治会などがあれば、会長や世話役にもあいさつを。社宅は慣例に従います。あいさつ回りには、「御挨拶《ごあいさつ》」の表書きで、500～2000円程度のタオルや洗剤などの品を持参します。

Q 社宅でのおつき合いのコツは？

A 社宅でのおつき合いは夫の立場とのからみもあり、簡単ではありません。次の2大鉄則を守りスマートにふるまいましょう。

1. 子どもや家族も含め、誰とでもつかずはなれず、公平につき合う。
2. 夫から聞いた社内のうわさなどは、絶対に口外しない。

Q 生活音はどこまでが許容範囲？

A 音に関する感受性は個人差があるので、自宅の生活音や楽器の練習音などには敏感であるべきです。深夜・早朝には音を出さないようにしましょう。ご近所とは日ごろからあいさつを交わし、家族構成などを伝えておけば、相手の音に寛容になることが多いとされます。「うるさい」よりも「お互いさま」の精神です。

Q においトラブルが増えているの？

A 家庭内の無臭化が進んだ現在、においの許容範囲はせばまっているとか。生活臭の3大トラブルはゴミ・ペット・タバコ。マンションなどでは、ベランダからのにおいが周囲に拡散するので、ベランダ喫煙、生ゴミ放置、家庭菜園の肥料などには要注意です。最近は、洗濯物の柔軟剤のにおいも、トラブルになることがあります。

Q 「迷惑しています」をアピールするには？

A 直接相手に怒鳴り込むなどはもってのほか。まずは、やんわり伝えます。改善されない場合は、言葉を換えて何回も「お願い」しましょう。自治会の世話役などから伝えてもらうこともひとつの手です。

多少でも改善されたら「お気づかいありがとうございます」とひと言添えれば、逆恨みされることもないでしょう。

子ども関係のおつき合いマナー

重要 子ども同士を比較しないようにする

重要 ママ友づき合いはゆるい関係でよい

注意 小学生以上は友人関係も把握する

ママ友は期間限定がほとんど。ゆるくつき合い、ストレス回避

子どもを通じたつき合いを大変にしないコツは、わが子可愛さのあまりに無理をしないことと、比較しないこと。子どもができると、ママたちには1か月健診を手始めにさまざまなデビューが待ち構えていますが、そのつど交友関係に気をつかっていては、疲れ果ててしまいます。わが子をしっかり見守り育てる決意が第一。ママ友とはゆるいおつき合いでOKです。

子どもの成長と親の心構え

〖赤ちゃん期〗

- 子どもとふたりきりで孤立しないように、地域の育児サークルなどに参加してみる。
- 近所には「子どもがおりますので」とひと言あいさつしておく。

〖幼児期〗

- 近所の子と比較しない。
- 交通ルールやあいさつのマナーを教える。
- 地域の行事には、積極的に参加してみる。

〖学童期〗

- 学校・習いごとなどの交友関係を把握しておく。
- 子ども同士のトラブルには、冷静に対応する。
- 他人の陰口を子どもの前で言わない。

ちょこっとマナー 親しくても、よその家の子の名前を呼び捨てにしない。

子どもが関わるおつき合い

習いごと先とのおつき合い

特別なおつき合いは必要ありませんが、講師の先生にお中元やお歳暮、発表会の際の謝礼などを贈ることもあります。同じ先生についている生徒さんに聞いてみてもよいでしょう。

ママ友とのおつき合い

同年代の子がいるママ友は、子育ての仲間として心強い反面、共通点が子どもだけなので、親密になると息苦しくなることも。つき合いきれないものはうまく断る術を持ちましょう。

学校とのおつき合い

担任との関係が良好だと子どもも安心します。都合が許せば、園や学校の行事のお手伝いなどにも積極的に参加し、オープンにおつき合いしましょう。お互いが協力する姿勢が子どものためです。

ご近所とのおつき合い

子どものふるまいが原因で、人間関係がギクシャクすることもあります。子どもといえども社会の一員。守るべきルールなどは、小さいうちからきちんと教えましょう。

プラスの気配り

ママ友への上手な断り方

気の進まないお誘いを受けたら、その場で返事をしないのがポイントです。「面白そうだけど、上の子のサッカーの予定があるかも」など、家族を理由にすると角が立ちません。後日、「確認したけど、どうしてもずらせない予定が入っていて」と、都合がつかなかったことを伝えます。

ちょこっとマナー　誕生日会などのプレゼントの金額は、親同士で事前に取り決めをしておく。

こんなときは？

子ども関係のつき合いマナー Q&A

Q 発表会にお誘いするときのマナーは？

A 押しつけがましくならぬよう**「都合がよかったら来てね」と相手に判断を委ねます**。金額が印刷されたチケットをさしあげる場合は、金額を消しておきましょう。

Q 子どもがいじめられていたら？

A 子どもも話しにくいでしょうが、**「あなたのことは私たちが必ず守る」と伝え、親は絶対的な味方であることを知ってもらい、安心させましょう**。そのあとに、冷静に子どもの話を聞きます。「いつ、どこで、誰に、どのようにされたのか」をできるだけくわしく聞き、書き留めます。**学校への相談は、文書で行うとお互い冷静に対話ができます**。解決まではケースバイケースですが、子どもが苦痛に感じているなら、学校を休ませるなど、まずはその状況から解放してあげましょう。

Q 子どもの誕生会、呼ばれたら呼び返す？

A **呼ばれた相手は呼んだほうがよいでしょう**。しかし、子どもが呼びたくないと主張するなら、無理に招待する必要はありません。ただしその理由を聞き、子どもと話し合いましょう。子どもの友人関係の変化を把握することも大切です。

Q 道路で遊ぶ近所の子。注意のしかたは?

A 最近増えている「道路族」。道路でわが物顔に遊ぶ子どもたちのことです。危険な上に、ボール遊びなどで車や花壇が傷つくことも。「ここは道路だから遊ぶ場所じゃないよ」と伝えましょう。通学先の学校に連絡して、注意をうながしてもらうのもよいでしょう。

Q 親子で長居。帰ってもらうには?

A 「あら、もうこんな時間」と忙しいことをアピールします。それでも気づかない場合は「今日は用があるので、そろそろお開きでいいかしら?」と、はっきり言っても何ら問題はありません。

Q 子ども同士のケガ。どう対応すべき?

A 大きなケガを負わせてしまった場合は、子どもといっしょにできるだけ早めに先方に出向き謝罪します。補償問題にもなるので、誠意を持って適切に対応します。小さなケガの場合、園や学校側がお互いの名前を明かさないこともありますが、ケガをさせてしまったことを知ったら、すぐに先方へ電話を入れ謝罪し、ケガの様子を確認しましょう。状況によっては子どもと出向いて謝罪します。自分の子がケガを負ってきたときは、冷静に話を聞き、園や学校に相談します。

実家・親戚とのおつき合いマナー

- 重要 親戚づき合いは4親等ぐらいが目安
- 重要 帰省時には積極的に手伝いをする
- お金 行事の費用は基本的に折半する

親戚づき合いの範囲

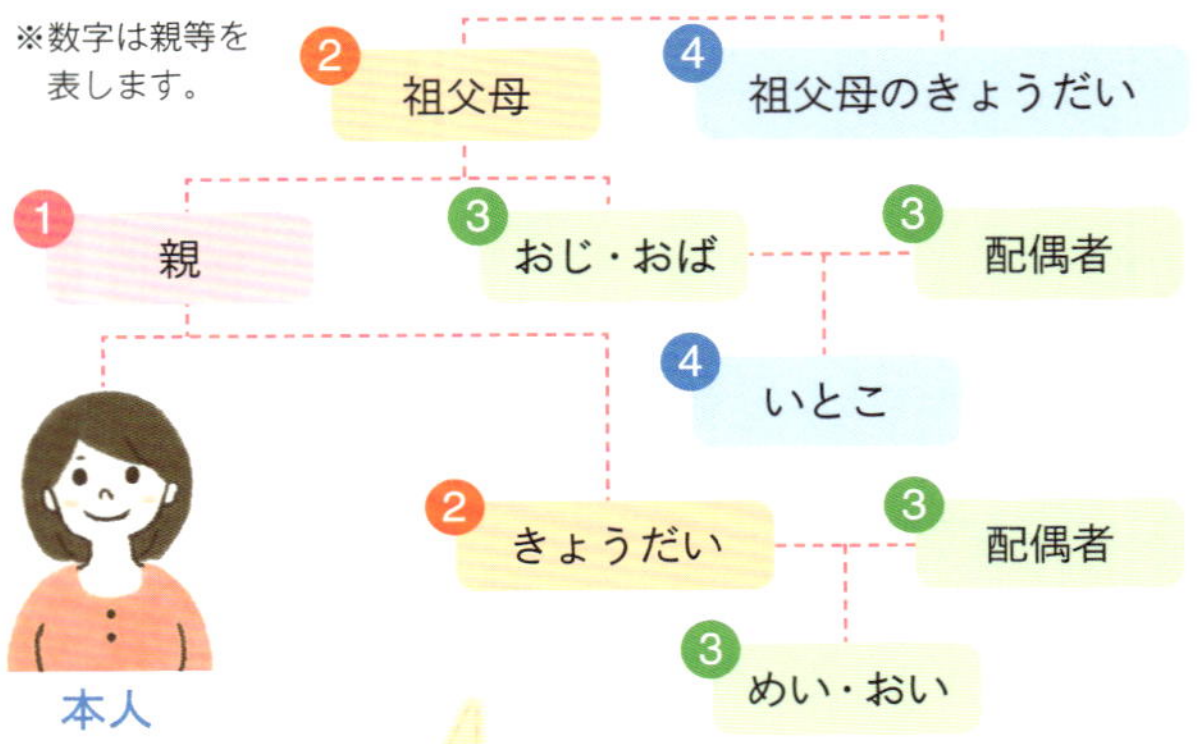

Point

親戚づき合いのコツ

親戚づき合いの範囲は４親等くらいまでが一般的。ただし、長く疎遠な場合はそれなりのつき合いでもかまわないでしょう。日ごろの親密度を考慮します。次の点を意識して上手につき合いましょう。

1. 親族の集まりには積極的に参加。
2. 年長者をたてて出しゃばらない。
3. 各家の生活習慣を尊重する。

一生続くおつき合い。よい関係を続けるために

ひと昔前なら、実家や親戚が苦境におちいったときは、自らを犠牲にしてまでも助け合うことがありました。しかし現在では、そこまで求めたり求められる関係は少なくなっています。相手の負担になるようなことは避けるのが、つき合い上の暗黙のルールとなっているからです。親戚でも、プライバシーを保ったつき合いが求められます。

ちょこっとマナー 子どもがいるなら、親に孫の顔を見せるのも仕事と考えて。

夫婦の実家・親戚　それぞれのつき合い方

【自分の実家・親戚】

- 冠婚葬祭への出席

相手側の場合と同じバランスで考える。

- 行事の費用

きょうだい同士では折半が基本。念のため事前に確認。

- 帰省時のふるまい

自分の実家だからと羽を伸ばしすぎない。お嫁さんが同居の場合は彼女をたてる、家事をかわるなどの配慮も必要。介護などで親が世話になっているなら、ほかのきょうだいといっしょにお礼を渡すなどの気づかいが必要。

【相手の実家・親戚】

- 冠婚葬祭への出席

4親等以上の親族の場合は夫や妻と相談する。招待状が来た場合はなるべく出席。

- 行事の費用

慶事《けいじ》・法事《ほうじ》などの費用は基本的に折半《せっぱん》する。念のため事前にしっかり確認。

- 帰省時のふるまい

両親および同居家族へのおみやげは必ず用意。親族が集う場合は、その分の手みやげもあると喜ばれる。滞在中はお客さま気分はＮＧ。できる範囲で家事を手伝う。長期の滞在の場合は、お礼（現金や商品券）を渡す配慮も必要。

これはタブー

子どもの前での陰口

義父母の陰口などは、子どもの口から必ず伝わってしまうので、要注意です。

夫の名前を呼び捨て

夫の実家や親戚の前で夫を呼ぶときには、「○○さん」と名前にさんをつけます。

ちょこっとマナー　正月に親戚の子どもが集まるときは人数分のお年玉（▶P31）を用意しておく。

こんなときは?

親戚づき合いのマナーQ&A

Q 慶弔《けいちょう》のおつき合いってどこまで?

A 親戚同士での結婚式やお悔やみごと、そのほか冠婚葬祭のおつき合いは、両親が健在であれば両親の意見に従うほうがよいでしょう。自分の判断が問われる場合は、4親等(P58)までが一般的な親戚づき合いの範囲とされます。相手からお祝いなどをもらったら、親等にかかわらずお返しをします。

Q 実家に帰省する際お礼は必要?

A まずは感謝の気持ちを示すことが大事です。滞在中は家事を手伝うなど、両親や同居のお嫁さんをねぎらう気持ちを示します。宿泊費や食費と考え、お金を包む人もいるようですが、それはケースバイケース。親の意向や自分たちの気持ちで考えましょう。ただし、手みやげは必須です。帰宅後は、礼状を出すとていねいです。

Q 夫の実家に帰省。料理の味つけが苦手!

A どうしても食べられずがまんできないようなら、「お世話になっているので、私に作らせてください」と料理を担当します。任せてもらえない場合は、1~2日程度ならがまん。食べられないものは苦手だと伝えてよいでしょう。

Q 親戚から借金を申し込まれたときは?

A 余裕が十分あるのなら援助してもよいですが、返ってこなくても家計上、問題のない範囲に。ただし、家計は夫婦のものですから、**配偶者の合意が必要**です。貸す際は、身内といえども借用書を交わし、返済期限も定めておくべき。余裕がない場合は精神的に支えるなど、できる範囲でのサポートを。

Q 口うるさい親戚とうまくやるには?

A うるさい親戚でも波風たてずにつき合いたいもの。口うるさいからと煙たがらずに、**親戚が集まる場などでは、「いろいろ勉強になります」と持ち上げておきましょう**。実際の決断は「私どもにも事情がございまして」と、自分たちの考えを優先してもかまいません。

ただし、葬儀など地域のしきたりを重んじるものは、意見に耳をかたむけ、参考にするのが賢明です。

Q 帰省される側です。負担を減らしたい

A 実家のお嫁さんが帰省したきょうだい一家の面倒をみるというのは、ひと昔前の家族観。少子高齢化の現代では、緊急時はサポートし合うけれどふだんはお互いに負担をかけない、というつき合い方が望まれています。**夫からきょうだいに話してもらい、妻の負担を軽減する工夫をすべき**でしょう。

友人とのおつき合いマナー

お金　金銭貸借の保証人は早い段階で断る

注意　SNSでの非難応酬は絶対NG

重要　依存しない、されない関係を目指す

友人とのつき合いは「親しき仲にも礼儀あり」

長いつき合いの友人であっても、節度ある態度を保つことが大切です。「友達なんだからこれぐらいのことは」という甘えや「私をピンチから救ってくれるよね」などというもたれかかりは慎むべき。もたれかかりが高じた依存が、深刻なトラブルの原因になることもあります。シンプルに、長く、無理なくつき合ってこそ、大人の友人同士といえます。

これはタブー

遅刻やドタキャンが定番化

待ち合わせに毎回遅刻してくる人や約束のドタキャンに罪悪感のない人は、信頼度が下がるだけです。

ネガティブトーク

仕事の愚痴や、その場にいない友人の悪口は、聞かされるほうもうんざりしてしまいます。

年齢で決めつける

大人なら世代の違う友人もできてきます。「私おばさんだし」「○○はまだ若いから」など年齢にこだわった会話ばかりでは、相手も気をつかいます。

ちょこっとマナー　友人であっても押しつけがましいアドバイスは避けるべき。

大人の友だちづき合いバロメーター

友だちとして
好感度低

友だちとして
好感度高

- 比較大好き格づけ屋
- 気分にムラのあるお天気屋
- うわさ大好きのおしゃべり
- 厚かましい
- 高慢・尊大

- 約束などルールを守る
- 愚痴や批判は言わない
- 生活が等身大
- 親切
- 謙虚

友人づき合いで悩むあなたにひと言

SNSが原因でこじれています

**「直接会って話をするのが
お互いの悪感情を一掃する
最良の方法である」**

リンカーン（アメリカ・第16代大統領）

アドバイス　SNSで自分への批判を目にしたときは、反論せず無視がおすすめ。日ごろから対面での人間関係を築いておくと、多少のトラブルは乗りきれるタフさが身につきます。

友だちと呼べる人がいません

**「よき友を得る唯一の方法は
自らその人のよき友になることだ」**

エマーソン（アメリカの詩人・思想家）

アドバイス　人から声をかけられるのを待っているより、自分から声をかけてみましょう。これまでのあなたのように、声をかけてもらうのを待っている人がいるはずです。

マウンティングしてくる同僚に閉口しています

**「人からよく思われたいのなら、
自分のいい所を
並べ立てないことだ」**

パスカル（フランスの哲学者）

アドバイス　自分の優位性をアピールするマウンティング（比較）。気にせずスルーしましょう。なお、自分の日ごろの言動も、自慢モードにならぬよう注意します。

裏切られた経験がトラウマになっています

**「他人もまた同じ悲しみに
悩んでいると思えば、心の傷は
いやされなくても気は楽になる」**

シェークスピア（イギリスの劇作家・詩人）

アドバイス　大小はあれど、友人関係で傷ついた経験がない人はいないのではないでしょうか。つらい記憶もいつか笑い飛ばせる日が。人間関係に臆病になりすぎず、少しずつ前を向きましょう。

ちょこっとマナー　時が経てばお互いの環境にも変化が。それを踏まえて接するのが大人のつき合い。

こんなときは？

友人とのつき合いマナー Q&A

Q 気の合わない友人と距離を置きたい

A 「友人と離れたい。でも意思表示ができない」という悩みは、最近とても増えています。がまんしながらうわべだけのつき合いを続けるのはストレスの元。しかし、突然無視したり音信不通にしたりでは、相手を傷つけます。大人なら対応を徐々に淡白《たんぱく》にしていき、最終的にフェードアウトするのがベターです。理由などは、他人に口外しないほうが賢明です。

Q 身元保証人を頼まれたときは？

A 保証人には単なる「保証人」と「連帯保証人」があります。保証人の場合は、支払い請求を受けても、契約者本人に支払い能力があれば、それを強く主張できます。連帯保証人の場合は、契約者と同等の責任があり、契約者本人に支払い能力があっても、請求を受けたら支払いの義務が生じます。金銭貸借の保証人は、早い段階ではっきり断りましょう。万が一のことがあると自分の家族を巻き込んでしまうこともあります。

【保証人と連帯保証人のちがい】

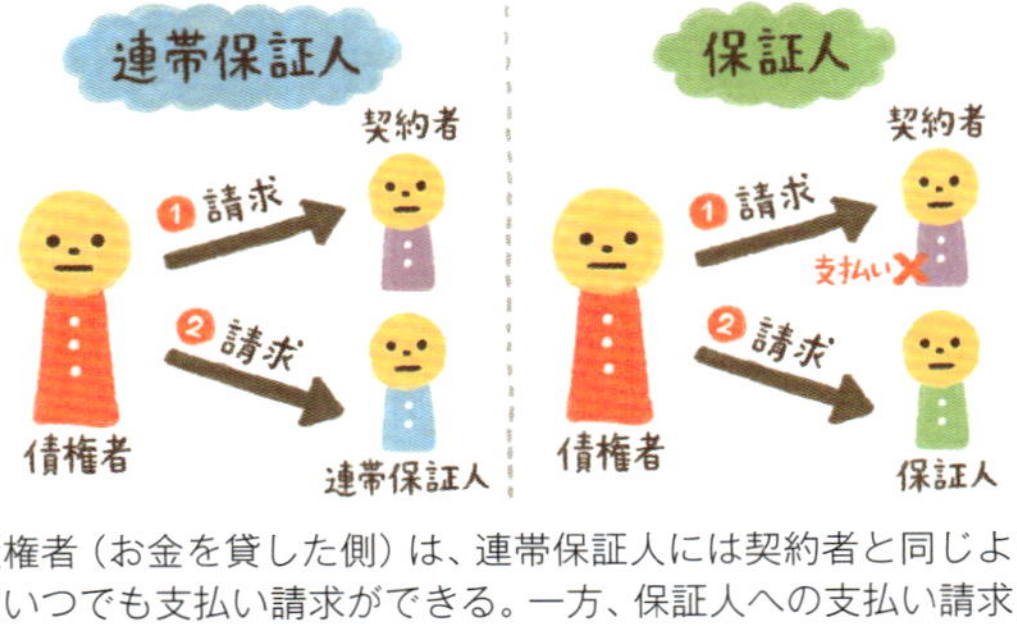

債権者（お金を貸した側）は、連帯保証人には契約者と同じようにいつでも支払い請求ができる。一方、保証人への支払い請求は、契約者の支払い能力が完全にゼロの場合にしかできない。

Q 友人の友人と気が合わないときは？

A 気の合わない人とは、なるべくいっしょにならないようにふるまいます。ただし、あくまでもさりげなく。あなたのお友だちも、それとなく気づくのではないでしょうか。もし、気の合わない理由をたずねられたときは、言葉をにごしておくほうがよいでしょう。

Q 女子会に誘われるけど本当は苦手！

A 仕事を理由に断っていると、「忙しい人」と認識されお誘いが減ってくることも。断るときはすぐに返事をせず、時間をおいて「残念だけど、どうしても都合がつかない」というニュアンスにすると相手も納得しやすくなります。急な誘いには、「今日は母から電話が入る予定」など家族を理由にするのもおすすめです。

Q 友人宅へのアポなし訪問はダメ？

A どんなに親しくても、相手のプライバシーは尊重すべき。訪ねる際は連絡するのがマナーです。友人に限らず親戚や親子の間柄でも、突然訪ねることは避けたほうがよいでしょう。そうしておくことで、相手からの突然の訪問も、避けることができます。

ペットに関わる常識マナー

ペットも家族の一員。飼い主にとってはかけがえのない存在ですが、動物が苦手な人がいることも忘れないようにしましょう。

ペット連れはエレベーターに注意

ペット可の集合住宅も増えていますが、住民全員がペットを飼っているところばかりではありません。なかには動物が苦手な人がいることも。ペットといっしょのときには、エレベーターに人がいたら遠慮するなどの気づかいを。

散歩中のゴミは家庭で処分を

ペットとの散歩では、フンの始末をするのは当然です。ただし、その始末したゴミをコンビニや公園のゴミ箱に入れるのは絶対にNG。ペットのゴミは家庭のゴミとして持ち帰り、適切に処分するのが飼い主のマナーです。

小型犬でもリードをつけて

普段はおとなしい犬でも、何かの拍子に興奮し、人に飛びつく危険性があります。どんな犬でもリードは必須です。さらに、人通りの多い場所では、リードを短くするか、抱きかかえて通行する配慮が必要です。

屋外にも出る猫は避妊・去勢手術を

自治体などでも、猫は室内で飼うよう推進していることが少なくありません。屋外と室内を自由に出入りできる猫の場合は、避妊・去勢手術をしておくのがマナーです。飼い主のいない子猫が増えたり、予想外の妊娠を防ぎます。

トイレのしつけはしっかりと

猫のトイレは、自宅でできるようにしつけておきましょう。よその家の庭などでするのが習慣になってしまうと、近隣トラブルのもとになります。のら猫と間違われないように、首輪や名札をつけておくのがおすすめです。

3章

食事・お酒のマナー

食事のしかたによっては、同席者を不快にさせてしまうこともあります。日本人なら身につけておきたい和食のマナーやルール、スマートに見える洋食の食べ方、レストランでのふるまいなどを覚えておきましょう。お酒も飲み方のマナーを守り、気持ちよく楽しみましょう。

フォーマルな飲食店での基本のふるまい

重要 特別な食事は事前に予約を
服装 ドレスコードを確認しておく
注意 時間に余裕を持って到着を

フォーマル店での食事までの流れ

1 予約を入れる

日時、氏名、人数などをお店に連絡する。席や料理の希望があれば、このときに相談。

2 店に入る

予約していることを告げ、そこから先は店のルールに従う。

▶ 男性はジャケットを着用。ジーンズはNG。女性はフォーマルなワンピースかスーツがベスト。

フォーマルな店ならではのルールを守る

フォーマルな飲食店で食事を楽しむときは、まず事前に予約を入れます。予約の際にドレスコードがあるかどうかを確認し、あればそれに沿った服装で出かけましょう。お店に到着したら予約した氏名を告げ、スタッフの案内を受けて着席し、料理をオーダーします。マナーを守りながらなごやかに食事をすることで、特別な会食の席をより楽しむことができます。

ちょこっとマナー 予約厳守だが、どうしても遅れる場合は早めに連絡する。

3 テーブルまで移動

クロークのある店では、コートや大きな荷物を預ける。テーブルへは勝手に行かずに、スタッフの案内を待つ。

4 注文する

着席し、スタッフからメニューの説明を受けたら、料理とともに飲み物をオーダーする。

- 店内ではレディファーストが基本。歩くときも座るときも女性を先に。
- スタッフが椅子を引いたら、まず女性が着席。左側から椅子とテーブルの間に入り、スタッフの押す椅子がひざ裏に当たったら座る。

これはタブー

大声を出す

スタッフを呼ぶときは、軽く手を挙げて知らせます。大声で呼んだり、手を打ったりしないように。

テーブルに物を置く

食事をするテーブルの上に、バッグや携帯電話などは置きません。

香りの強い香水をつける

アクセサリーや靴は自由ですが、香りの強い香水は料理のにおいを損なってしまうので避けます。

ちょこっとマナー 着席の際スタッフに椅子を引かれたら、後ろを振り返らずに座るとスマート。

洋食の基本マナー

重要 テイスティングは試飲とは違う
重要 カトラリーは外側から使う
注意 食事中は音を立てないようにする

ナプキンやカトラリーを優雅に使って食事を

フォーマルなレストランでは、普段家庭では使わないナプキンや多くのフォーク、ナイフなどのカトラリーが用意されており、ワインのオーダーにも作法があります。料理はコースメニューとアラカルトが用意されているケースが多く、メニューを見ながらどちらを選ぶのか決めます。料理やワインのことは納得するまでスタッフに質問するとよいでしょう。

ナプキンのマナー

〖中座するときは〗

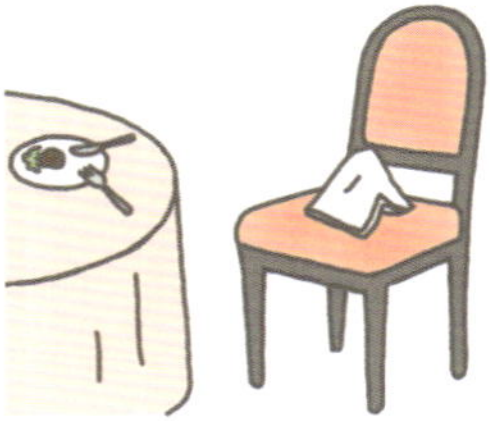

椅子の座面にナプキンの中心をつまむようにして置く。

〖注文が済んだら〗

２つ折りにしてひざの上へ。食前酒や前菜が運ばれる前に広げる。

〖退席するとき〗

食事が終わったら、軽くたたんでテーブルの上へ置く。

〖食事中〗

口元をふく際は、２つ折りにしたナプキンの内側を使う。

ちょこっとマナー　ナプキンを襟からたらすのは子どもがすることなのでNG。

ワインの頼み方

【テイスティングのしかた】

1 ワインのラベルがオーダーしたものかどうか確認する。

2 テイスティング用に少しだけグラスに注がれるので、まず色や透明感を見る。

3 グラスをゆっくりと回してから、グラスに鼻を近づけてワインの香りを確かめる。

4 ひと口含んで、味に問題がなければ「こちらでけっこうです」と伝える。

飲みたいものでOK

肉料理には赤ワイン、魚料理には白ワインが合うと言われますが、飲みたいものを頼んで大丈夫です。ワイン選びに迷ったときは、味の好みと予算を伝えて、ソムリエに相談しましょう。

テイスティングは品質チェック

ワインが変質していないかを確認するテイスティングは、そのテーブルのホストが行います。試飲ではないので、好みでないからと取り替えることはできません。

これはタブー

ナプキンをきれいにたたむ

ナプキンをきれいにたたむのは「サービスに不満がある」という意思表示。満足なら無造作に置きましょう。

ワインを手酌《てじゃく》する

グラスに注《そそ》ぐのはスタッフの役目。注いでほしいときはスタッフに声をかけ、自分たちでは注ぎません。

ちょこっとマナー ワイングラスは中身が温まらないように、脚の部分を指ではさんで持つ。

基本的なフルコースのセッティング例

❶ スープ用スプーン　❷ 前菜用ナイフ・フォーク　❸ 魚料理用ナイフ・フォーク
❹ 肉料理用ナイフ・フォーク　❺ 料理皿　❻ サラダ皿
❼ バターナイフ　❽ パン皿　❾ デザート用ナイフ・フォーク
❿ コーヒー用スプーン　⓫ シャンパングラス　⓬ 白ワイン用グラス
⓭ 赤ワイン用グラス　⓮ 水用ゴブレット

- **たくさん並んだカトラリーは、料理の順番に合わせて、外側から使います。**
- **使う順番を間違えても、それほど気にする必要はありません。**

カトラリーのマナー

〖食事がすんだら〗

ナイフとフォークを右側にそろえて置く。

〖食事中〗

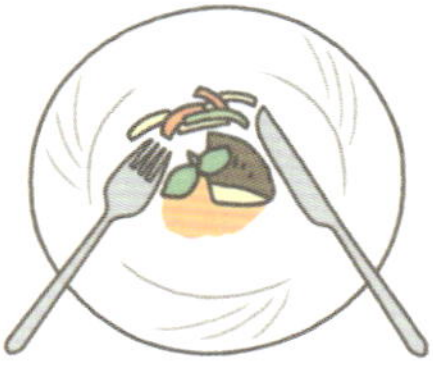

食べている途中は「八」の字形に置く。

〖使い方〗

右手にナイフを、左手にフォークを持つ。

ちょこっとマナー カトラリーなどを落としたらスタッフに新しい物をもらう。自分では拾わない。

スープ・パンの食べ方

【パンの食べ方】

数種類用意されている場合は、好みで選んでよい。

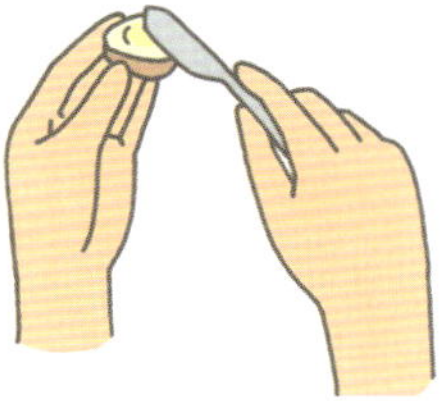

バターはパンを食べる分だけちぎってから塗る。

パン皿がなければ、テーブルクロスの上に直接置いてもよい。

【スープの飲み方】

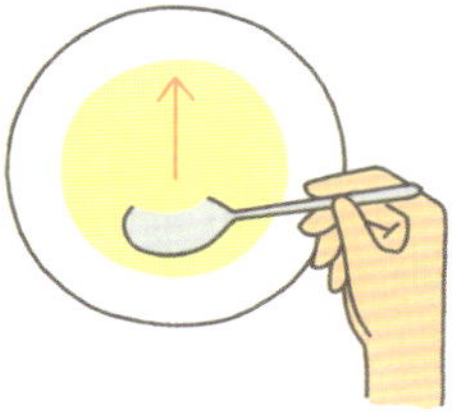

スプーンを使い、皿の手前から奥へすくい食べる。

残り少なくなったら、皿を少し傾けてすくう。

カップスープは取っ手を持ち、直接飲む。スプーンがあれば使う。

これはタブー

音を立てる

カトラリーの音をカチャカチャ立てたり、スープが熱いからと、フーフーと息を吹きかけたりしてはいけません。ズルズルと音を立てて飲むのもマナー違反です。

ちょこっとマナー パンくずがテーブルクロスの上に落ちるのはOK。スタッフが片づけてくれる。

洋食料理の基本

重要 食べ方は遠慮なく店員にたずねてよい

重要 魚や肉は左側から食べる

注意 料理はひと口サイズに切って食べる

いろいろな料理の食べ方

【魚料理】

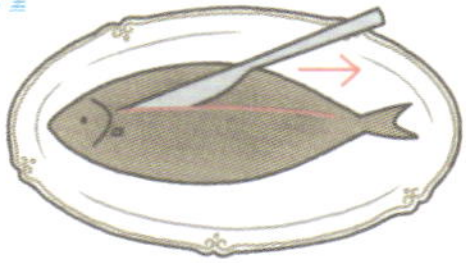

1 魚の中骨に沿って、頭側から尾側へナイフを入れる。

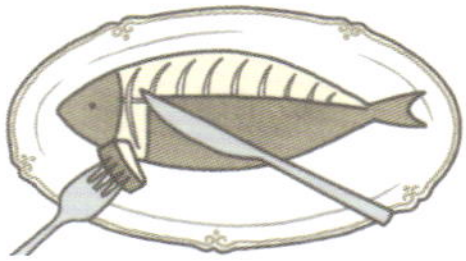

2 上の身の向こう側を左からひと口ずつ食べ、同様に手前側も食べる。

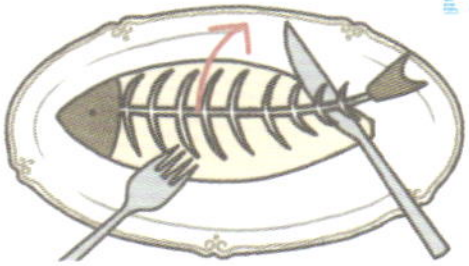

3 中骨の下にナイフを入れて中骨を外し、外した骨は皿の向こう側に置く。

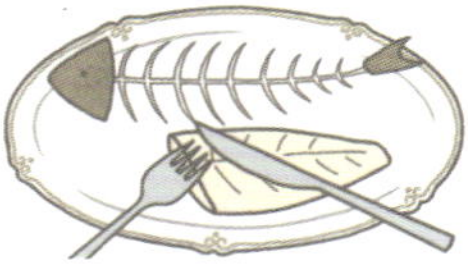

4 下の身を左側から食べます。ひっくり返さないのがマナー。

【サラダ】

ナイフとフォークで小さくまとめて、フォークに刺して食べる。

【アミューズ】

オードブルの前に出されるひと口サイズのお通し。ひと口で食べる。

食べ方がわからなければスタッフへ質問を

フレンチなどのフルコースはかなりの品数とボリュームになるため、日本人向けに省略されたコースも多く提供されています。おもに出てくるのは、オードブル（前菜）、スープ、魚料理、肉料理、サラダ、デザートなど。料理によっては、手を使って食べてよいものもあります。食べ方がわからない場合は、遠慮なくスタッフに質問しましょう。

ちょこっとマナー 魚や肉を最初に全部切り分けてしまうのはマナー違反。

【殻つき料理】

1
フォークで身を押さえ、身と殻の間にナイフを入れ身を外す。

2
ひと口で食べられるものはひと口で、大きな身は手前に置いて左側からひと口ずつ食べる。

【パスタ】

フォークを時計回りに回し、何本か巻き取り口に運ぶ。スプーンの上で巻くのは正式なマナーではない。

【ピザ】

カトラリーがある場合はひと口サイズに切り、フォークで口へ運ぶ。ない場合は手で食べてもOK。

【肉料理】

左側からひと口サイズに切り、ソースをからめながら食べる。

【ライスや豆類】

フォークですくって食べる。左右どちらの手を使ってもよい。

【ブロシェット】

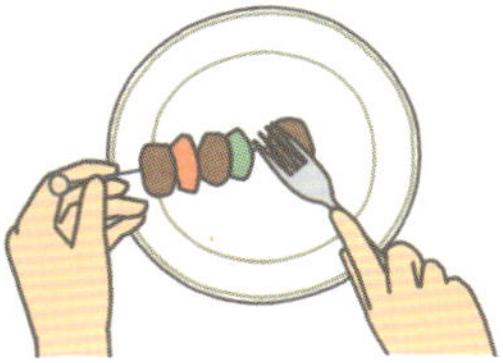

左手で串を持ち、フォークで一つひとつ身を外して食べる。

【ミルフィーユ】

崩さずに横に倒して、フォークで支えながらナイフで切る。

Point

フィンガーボウルの使い方

フォーマルなレストランでは、手で食べる料理用に水が入ったフィンガーボウルが出されることがあります。フィンガーボウルには指先をつけ、軽く洗ってナプキンでふきます。

ちょこっとマナー　ライスをフォークの背にのせて食べるのは、古いマナーなので避ける。

こんなときは？

洋食料理のQ&A

Q 案内された席を替えてもらいたい……

A フォーマルなお店に予約をして出向いた場合は、お店の人の案内に従うのがマナーです。着席してみて空調がきついなどの問題があれば、スタッフに伝え対応してもらいましょう。カジュアルなお店であれば、「あちらの席に移ってもいいですか？」などとたずねてみてもよいと思います。ただし、混雑している時間帯は控えるのが大人の対応です。

Q アラカルトで頼む際にルールはある？

A 基本は前菜、メイン、デザートをひと品ずつです。まずはメインを決め、食材や味つけがかぶらないように前菜を選ぶとよいでしょう。メインが肉なら前菜は魚介という具合です。同席者と違う料理でも、フォーマルなお店の場合、取り分けして食べるのはNGです。

Q ワインのテイスティング誰がすればいいの？

A テイスティングは伝統的に男性の役目ですが、男性がいなければ女性が担当してもかまいません。幹事の役割を果たしている人や、ワイン好きな人が担当するとスムーズです。自信がないときは、テイスティング自体をソムリエにお任せしてもいいでしょう。

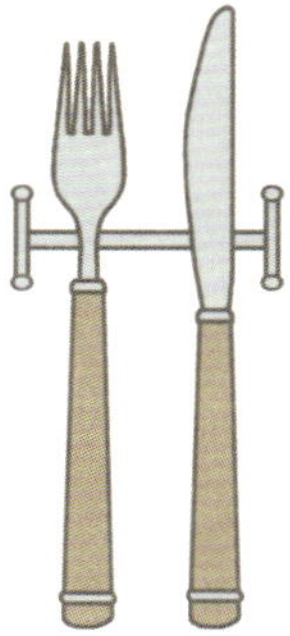

Q カトラリーが1種類だけのとき、どうすればいい？

A カジュアルなお店なら、同じカトラリーを複数の料理に使うことも。ナイフとフォークを置くフォークレストが用意してある店では、食べ終わるたびにナイフとフォークをフォークレストへ戻します。カトラリーが変わる料理ではスタッフが新しいものを持ってくるので、それを使います。

Q どうしても食べきれないときは？

A コース料理は量が多いので、少食の人の中には食べきれない人もいるでしょう。そんなときは無理をせず、ナイフとフォークをそろえて置いて、食べ終えたことをスタッフに知らせます（▼P72）。

Q お勘定はどうすればいい？

A フォーマルなレストランでは、座席で支払いをすませるのが一般的です。スタッフに勘定をしたい旨を告げると、金額を書いた伝票をテーブルまで持ってくるので、その場で現金やクレジットカードで支払います。

日本料理の基本マナー

重要 箸づかいと器の扱いがポイント

注意 「会席料理」と「懐石料理」は違う

注意 手を受け皿がわりにしない

改めて確認したい日本料理の作法

フォーマルな日本料理といえば「会席料理」です。お酒を楽しむ宴席《えんせき》などで出される料理で、さまざまな食材や調理法の料理があります。結婚披露宴などでは最初からすべてテーブルに並べられていますが、料亭や旅館などではひと品ずつ出されることもあります。マナーのポイントは箸づかいと、小ぶりの器を手に持っていいこと。ただし、器は大切に扱います。

会席料理の献立例

❶ 先付　❷ 吸い物　❸ 刺身　❹ 焼き物　❺ 煮物
❻ 揚げ物　❼ 蒸し物　❽ 酢の物　❾ ごはん・留め椀
❿ 水菓子

Point

会席料理と懐石料理の違い

宴席で出されるのが会席料理、お茶席で出されるのが懐石料理です。懐石料理には料理の順番や作法がありますが、会席料理にはとくに決まりごとはありません。

合わせて確認！｜和室での基本の作法▶P110　箸の正しい使い方▶P80

器の扱い方

【器を持つとき】

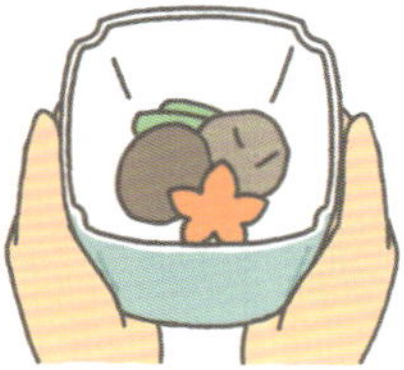

器を取り上げるときは、いったん箸を置き、両手で持ち上げる。

▶ **手に持ってよい器は、茶碗、お椀、小鉢、小皿、しょうゆ皿、どんぶりなどです（▶P89）。**

【置いたまま食べるとき】

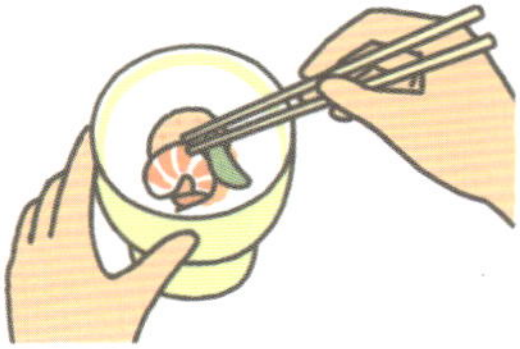

左手を軽く器に添えて食べる。前かがみにならないよう注意する。

【ふた付きの器】

1
折敷《おしき》（お盆）の上にあるふた付きの器は、すべて最初にふたを取る。左手で器を支え、右手でふたを取る。

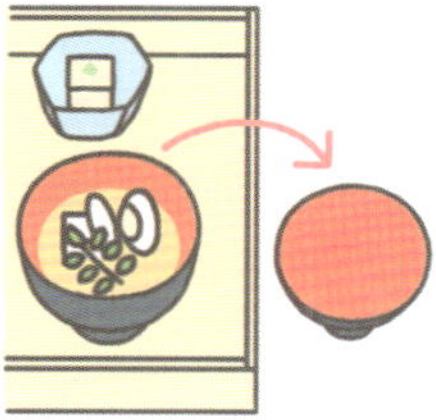

2
ふたは、折敷の外側に裏返して置き、食べ終わったら、もとどおりにふたをする。

▶ **汁ものの椀のふたが取れにくい場合は、お椀のふちを手ではさみ、軽く押します。**

▶ **ふたの水滴はお椀の上で落としてから置きます。**

これはタブー

器を重ねる

器は傷をつけるおそれがあるので、勝手に重ねてはいけません。

手を受け皿にする

汁がたれるからと、手を受け皿がわりにするのはマナー違反です。

ちょこっとマナー　松花堂《しょうかどう》弁当のふたは、弁当箱の向こう側に裏返したまま置く。

箸の正しい使い方

重要 箸を置くときは必ず箸置きに置く
重要 箸の上げ下げも上品に行う
注意 箸の使い方にはタブーがある

箸のタブーを知れば箸づかいの上級者に

箸の使い方は日本料理のマナーのポイントです。箸の上げ下げ、持ち方、置き方の所作が美しければ、マナー上級者という印象を相手に与えることができます。箸には「嫌い箸」という「してはいけないタブー」があり、昔は家庭でも親が子に注意する光景が見られました。こうしたタブーを避けることで、自然でスマートに箸を使うことができるようになります。

正しい箸の持ち方

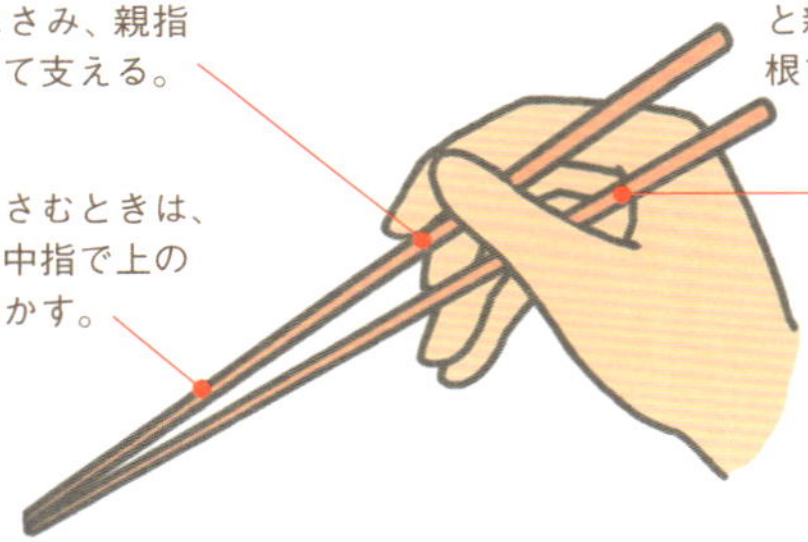

上の箸は人差し指と中指の先ではさみ、親指の先を添えて支える。
下の箸は薬指と親指のつけ根で固定する。
食べ物をはさむときは、人差し指と中指で上の箸だけを動かす。

プラスの気配り
箸は必ず箸置きに置くようにする

食事中に箸を下げたときは、必ずそろえて箸置きに置きます。箸置きが用意されていない場合は、箸袋を折って箸置きのかわりにするとよいでしょう。

食事が終わったら箸置きにそろえて置くか、箸先を箸袋に入れておきます。

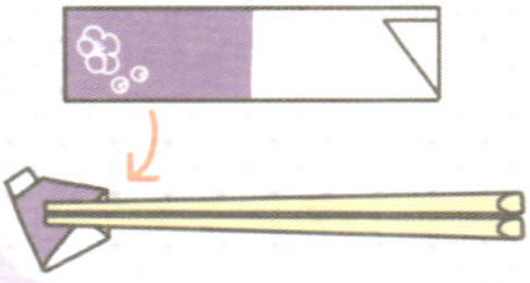

ちょこっとマナー 割り箸を割るときは、横にして静かに割ること。

箸の上げ下げ

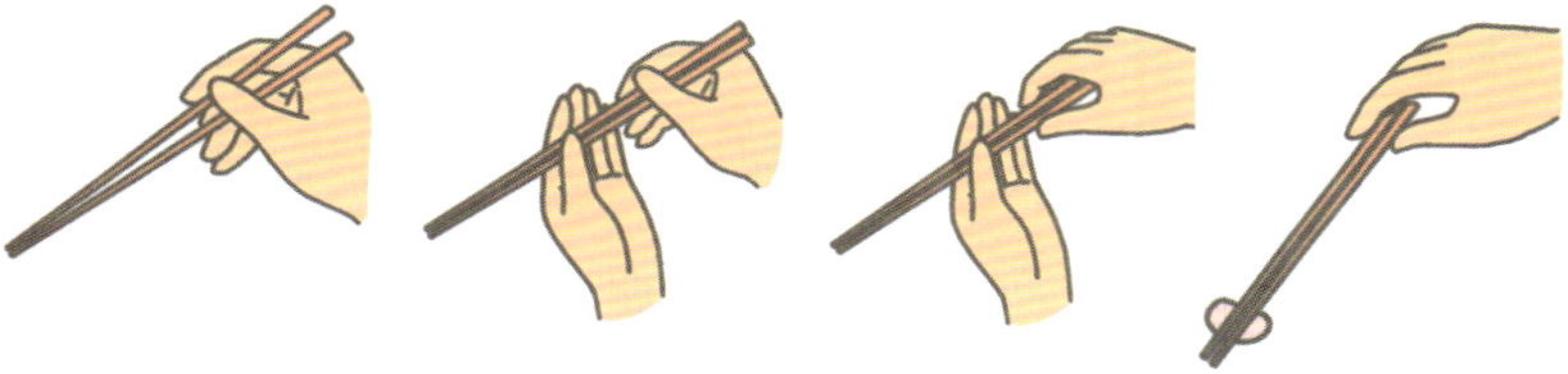

1. 右手で箸の上のほうを持って取り上げる。
2. 左手を箸の下から添える。
3. 右手を下側に持ち替える。
4. 左手を離す。

※下げるときは、3→2→1の順で箸置きに置く。

これはタブー

刺し箸

食べ物に突き刺して取るのはNGです。

渡し箸

器の上に箸を渡すのはいけません。

迷い箸

食べる料理を迷わないようにします。

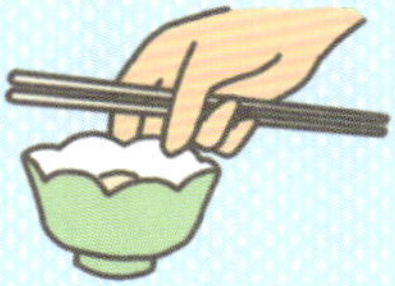

持ち箸

器を取るときは箸を置いてから。

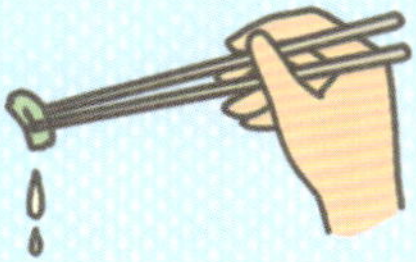

涙箸

食べ物の汁がたれないようにします。

寄せ箸

箸で器を引き寄せるのはやめます。

ちょこっとマナー　箸に巻紙が巻かれている場合は、すべらせて取る。破って取るのはNG。

日本料理の食べ方の基本

- 注意 おなじみの料理にも意外な作法がある
- 重要 懐紙をうまく使えるとスマート
- 重要 食べ終えたあとも皿の上はきれいに

おなじみの料理も正しい食べ方でいただく

日本料理は家庭で出される料理と重なりますが、意外に食べ方を知らないもの。改まった席で家庭と同じように食べていると、知らない間に恥をかいていることもあります。正しい食べ方を頭に入れておきましょう。

日本料理は品数が多く、ひと品ごとの量が少ないことが特徴。器とのバランスや盛りつけの美しさを楽しみながらいただきます。

プラスの気配り

懐紙を持参してレベルアップ

懐紙《かいし》は2つ折りになった和紙で、着物が一般的だったころは、つねに懐に入れて携帯するものでした。現代で言えば、ハンカチやティッシュペーパーといったところでしょうか。懐紙にはさまざまな使い方がありますが、日本料理ではナプキンのかわりに使うことができます。改まった和の席で懐紙を上手に使っていると、スマートな印象です。

懐紙の使い方

- 汁気のあるものを受ける（手で受けるのはマナー違反）。
- 食べきれなかった菓子を包んで持ち帰る。
- 口元や指先をふく。
- グラスや杯の汚れをふき取る。
- 骨など食べ残しを隠す。
- 生菓子などの取り皿に使う。

ちょこっとマナー 懐紙はテーブルにのせない。使ったものは原則持ち帰る。

いろいろな日本料理の食べ方

【鮎の塩焼き】

① 懐紙で鮎《あゆ》の頭を押さえ、背びれ、腹びれ、尾を取る。

② 骨と身が外れやすくなるように箸で身を数回押し、首回りの皮を箸で切る。

③ 頭を手で持ち、少しねじりながらゆっくりと引くと、中骨がきれいに抜ける。

【尾頭《おかしら》つきの焼き魚】

① 頭に近い背側の身から箸でほぐしながら食べる。身がほぐれにくいときは、懐紙で押さえながらほぐす。

② 上の身を食べ終えたら、箸で尾の部分をはさみ、中骨を持ち上げて外す。

③ 頭と骨を向こう側に置き、下の身をほぐして食べる。骨や皮は皿のすみにまとめ、あれば懐紙をかけておく。

ちょこっとマナー 口に入った魚の骨や果物のタネを出すときは、懐紙で口元を隠すとよい。

〖にぎり寿司〗

箸で食べる

寿司を横に倒して箸ではさみ、ネタの端にしょうゆを少しつけたら、ネタを上向きにし、ひと口で食べる。

手で食べる

親指、人差し指、中指で寿司をつまみ、寿司をひっくり返し、ネタの端にしょうゆを少しつけたら、ネタを上向きにし、ひと口で食べる。

薬味がのったネタ

ネギなどの薬味がのったネタは、ガリ（しょうが）にしょうゆをつけてネタの上へ運び、しょうゆを落として食べる。

〖刺身〗

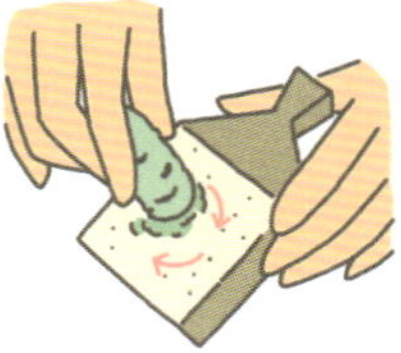

1 本わさびとわさびおろしが用意されていたら、円を描くように本わさびをすりおろす。

2 花穂《はなほ》じそを箸でしごいて、しょうゆに落とす。

3 わさびはしょうゆに溶いてもよいが、刺身にのせて食べるのが本来の食べ方となる。

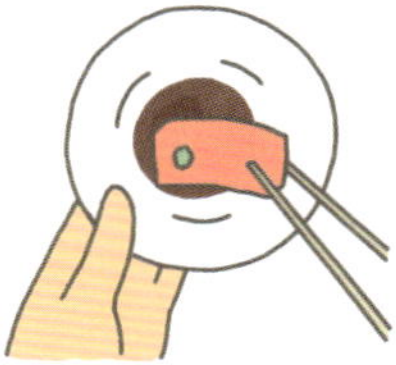

4 しょうゆ皿を手に持ち、受けながら食べる。

これはタブー

舟盛りを崩す

舟盛りの刺し身は、盛りつけを崩さないように気をつけながら取り分けます。舟盛り自体は動かせないので、近い席の人が担当するとよいでしょう。

寿司を放置する

ごはんやネタの温度、握りぐあいなどに職人芸がある寿司。カウンターなどでひとつずつ寿司が出される場合は、出されたらすぐに食べるのがマナーです。

ちょこっとマナー 軍艦巻きは崩れやすいので横に倒さず、のりの端にしょうゆをつけて食べる。

【煮物】

1 具材は器の中で、ひと口で食べられる大きさに崩してから口に運ぶ。

2 汁がたれそうなときは、その器のふたか、懐紙を皿がわりにする。

3 汁は器に口をつけて飲んでもかまわない。その際、器は両手で持って口をつけるようにする。

【ちらし寿し】

刺身と同じように、ネタひとつずつに、わさびとしょうゆをつけ、それを酢飯といっしょに食べる。わさびを溶いたしょうゆを全体にかけるのはマナー違反。

【てんぷら】

箸でひと口大に切るか、そのまま食べる。そのまま食べた場合は、噛み切った物を皿に戻さずに、すべて食べきる。

Point

天つゆのつけすぎに注意

天つゆの器は手に持ち、つゆがたれないように食べます。

ちょこっとマナー てんぷらや煮物などは、盛りつけを崩さず、手前や上から箸をつける。

【土瓶蒸し】

1 土瓶《どびん》の上にあるすだちを取って受け皿に置き、杯を取って左に置く。

2 土瓶の中にすだちをしぼる。

3 杯に汁を注ぎ、香りを楽しみながらいただく。

4 土瓶から少しずつ具を取り出して杯に入れ、いただく。

【茶碗蒸し】

1 卵液を器からはがすように、スプーンで器の内側を1周させる。

2 上からスプーンで食べる。多少具をまぜて食べてもよいが、音を立てるのはNG。だしなどが残っていたら、口をつけて飲んでもよい。

プラスの気配り

おしぼりを出されたらすぐに使いましょう

おしぼりは日本独自のおもてなしの習慣です。冷やしてあったり、温かくしてあるのはお店側の気づかい。出されたらすぐに使います。使ったあとは、ふいた面を内側にたたみ、おしぼり置きなどに戻します。

ちょこっとマナー すだちやレモンをしぼるときは、汁が飛ばないように片手で覆うようにする。

【殻つきのかに料理】

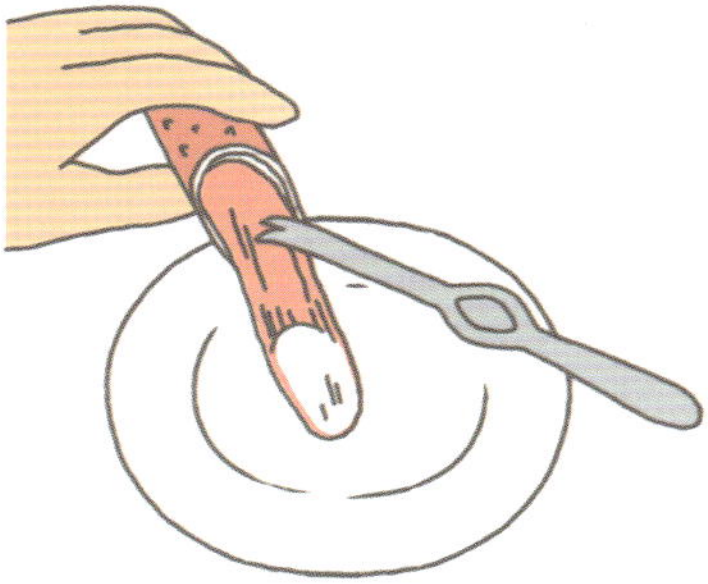

1 殻にななめに切れ目が入れてあれば、そこから専用ピックで身を取り出す。

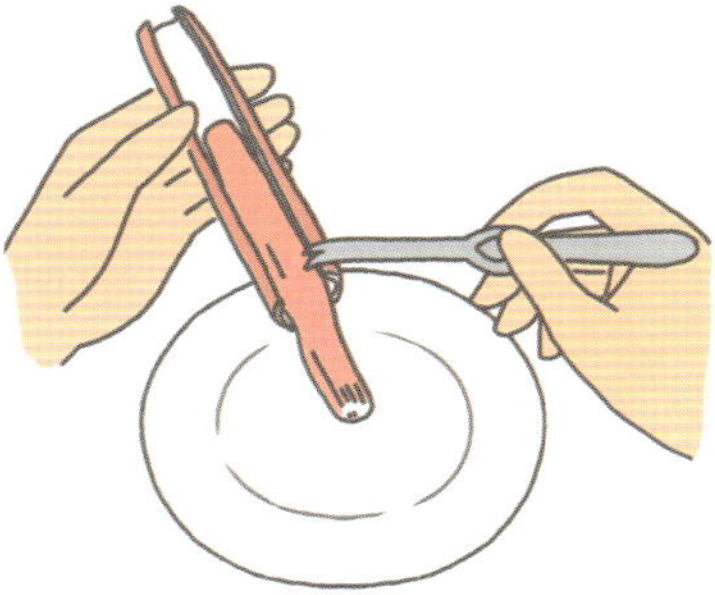

2 細い脚は手で関節の部分を折る。裏に切れ目があるので、その部分から手で殻を割り、専用ピックで身を取り出す。

【串物】

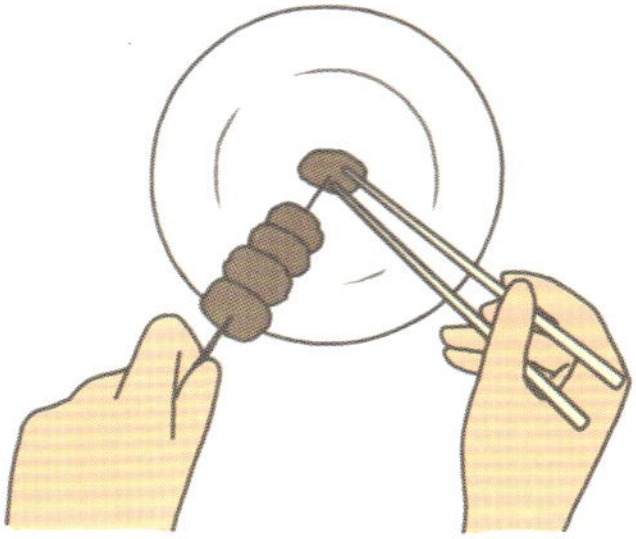

食べる分だけひとつずつ串から外して食べる。具材を箸で押さえ、串を回転させると外れやすくなる。

【貝の汁物】

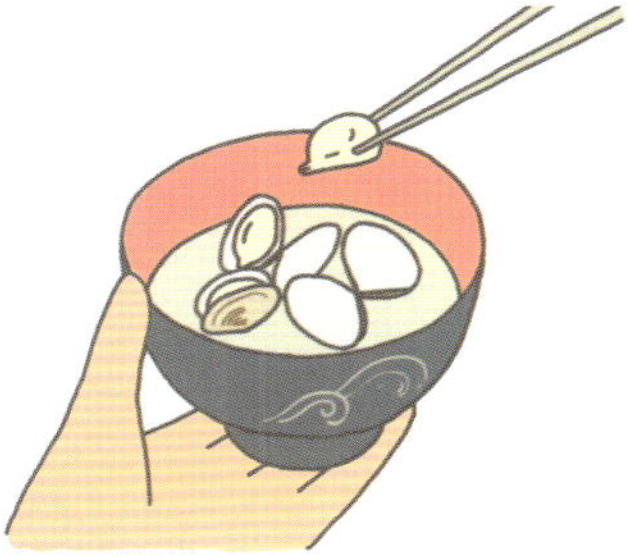

汁を飲んでから、貝の身を箸でつまんで口に運ぶ。貝殻を口につけるのはNG。

これはタブー　おしぼり編

手以外をふく

顔をふいたり、食事中に口元をふくことはしません。

台ふきにする

台ふきのかわりに使うのはお店に対して失礼です。

ちょこっとマナー　貝の汁物で身を食べたあとの貝殻は、外に出さずにそのまま器に残す。

こんなときは？

日本料理のQ&A

Q 左利きの人の箸づかいは？

A 右利きと真逆に考え、マナーどおりに使います。箸置きは通常、左側に置いてありますが、右側に置き換えて箸も反対向きに置いて問題ありません。

Q おかわりをすすめられたら？

A ごはんや汁物など「おかわりをどうぞ」とすすめられたときは、おかわりを頼んでかまいません。このとき、空になったお椀は両手で持ち、ていねいに渡しましょう。受け取るときも両手で受け、いったんテーブルに置いてから、改めて取り上げて食べはじめます。

Q ナプキンがあっても懐紙を使うべき？

A 最近では日本料理店でもナプキンを置く店が少なくありません。ナプキンがあれば、それを使うのがマナーです。ただし、ハンカチやティッシュペーパーを出すなら、懐紙《かいし》を使うほうがはるかにスマートに見えます。懐紙は文具店や茶道具店で購入できます。

Q 手に持ってよい器といけない器の違いは？

A 洋食では料理の器を手に持つことはありませんが、日本料理では左手に器を持ち、右手で箸を使います。

持ってよいのは手のひらより小さな小鉢や小皿。飯碗や汁椀は必ず持って食べます。小さめのどんぶりも持ってかまいません。

反対に持ってはいけないものは、盛り合わせの大皿や、刺身や焼き魚がのった平皿です。

器を持つときは、いったん箸を置きます。両手で器を取り上げ左手でしっかり持ち直してから、右手で箸を取って料理をいただくようにします。

【器と箸を持つとき】

1 箸を置き、器を両手で取り上げ、左手のひらに乗せる。

2 右手で箸を取り上げ、器を乗せている左手の指先で箸の先をはさむ。

3 右手を箸の下側に移動させ、正しく持つ。置くときは手順を逆にして、箸を置いてから器を置く。

Q 和の席では正座が苦手。どうすればいい？

A 正しいマナーは正座ですが、長時間の会食で正座を続けるのも無理があります。しびれが切れそうになったら、目立たないように足を崩してかまいません。このとき、裾《すそ》が大きく広がるスカートなら、崩した足を隠すことができます。

上席者が先に足を崩して同席者にもすすめたときは、無理をせず、いっしょに崩します。

中国料理の基本マナー

大皿料理が全員にいき渡るように回す

中国には地域によりさまざまな料理があり、とくに有名なのが北《ペ》京《キン》、上海《シャンハイ》、四川《シセン》、広東《カントン》の４大料理です。円卓を囲み、大人数でにぎやかに食べる中国料理は、細かなマナーがあまりありません。基本的にはターンテーブルに並んだ大皿料理を自分でひとり分ずつ取り分けます。全員にいき渡るよう少しずつ取るのがマナー。余ったらおかわりしたい人がいただきます。

中国４大料理

〖北京料理〗

北京の宮廷料理から発達した料理で、寒い地域なので濃厚な味つけが多い。北京ダックや水餃子が有名。

〖上海料理〗

魚介類が豊富な地方で、素材の味を生かした淡白な味つけと甘辛い味つけがある。上海がに、豚の角煮、小龍包《ショーロンポー》など。

〖四川料理〗

山間部で寒暖の差が激しく、唐辛子や山椒《さんしょう》など香辛料を使った辛い料理が多い。麻婆豆腐《マーボードーフ》、回《ホイ》鍋肉《コーロー》など。

〖広東料理〗

海にも山にも近く食材が豊富で、淡白な味つけが多い。フカヒレなどの高級食材のほか、点心も人気がある。

重要 ターンテーブルは時計回りが原則

注意 器は手に持たず置いたまま食べる

注意 取り皿は料理ごとに替えるのがマナー

ちょこっとマナー レンゲは上から取り、柄のくぼみに人差し指を入れて持つ。

円卓でのマナー

取り皿は料理ごとに替える

料理の味が混ざらないよう、取り皿は料理ごとに取り替えます。何枚使ってもOK。

ターンテーブルは時計回りで

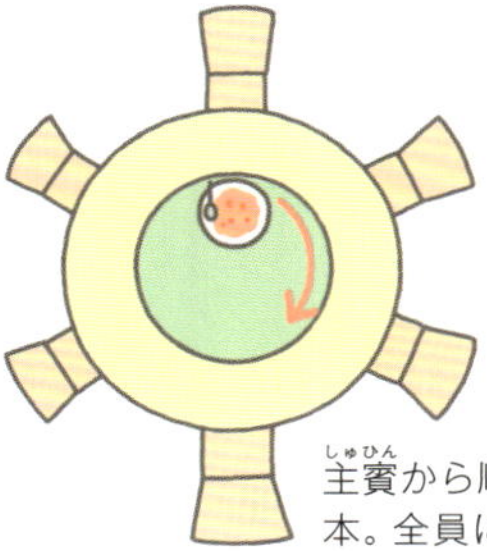

主賓《しゅひん》から順に取るのが基本。全員にいき渡るよう配慮します。1周回って余ったらおかわりは自由。

器は持たない

中国料理の席では、器を持ち上げるのはNGです。食べるときだけでなく、料理を取り分けるときも持ちません。

中国料理の箸は縦置き

箸は縦に置くのが基本です。箸置きが用意されているので、その場所に置きます。

これはタブー

テーブルからはみだす

取り分け用のスプーンなどが、ターンテーブルからはみださないようにします。

立ち上がって料理を取る

座ったまま取るようにします。

ちょこっとマナー　ターンテーブルは共有のスペース。自分の器やグラスを置いてはいけない。

立食パーティーの基本マナー

重要 飲食よりも人との交流がメイン
注意 同じ皿を使い続けるのはNG
服装 ずっと立ち続けられる靴で行く

マナーのよし悪しが目立つ立食パーティー

最近では結婚披露宴にも立食パーティーが増えています。決まった席がなく、料理もブッフェスタイルで好きなものを自分で取り分けるため、全体にカジュアルな雰囲気です。しかし、誰もが自由に動けるだけに、よけいにマナーのよし悪しが目立つことに。知らないうちにひんしゅくを買わないようにマナーをわきまえて臨みましょう。

プラスの気配り

立ちっぱなしでも疲れない靴で

会場の壁際などに用意されている椅子は、疲れた人が代わるがわる座るためのもの。一部の人が独占的に使えるものではありません。基本的にはずっと立ちっぱなしのつもりで、長時間でも疲れにくい靴を選びましょう。

これはタブー

料理を一気に取る

一気にたくさん取るのはマナー違反です。

話を聞かない

スピーチ中は、食べるのをやめて話を聞きます。

ちょこっとマナー 料理を取ったら料理台から離れる。料理台を占領しない。

スマートにふるまうために

食べ終えた食器は接客係へ

食べ終えた皿はサイドテーブルに重ねておくと、接客係が下げてくれます。飲み終えたグラスも同じです。

食事だけでなく積極的に交流を

一般的に、立食パーティーのおもな目的は飲食よりも出席者同士が交流することにあります。食べ放題という考えは持たず、なごやかに歓談し、交流を深めましょう。

荷物はクロークへ

荷物やコート類は受付かクロークへ預けます。女性なら小ぶりのハンドバッグひとつだけを持参します。

手に持つお皿は1枚まで

お皿１枚とグラスひとつを左手で持つのが基本です。左手の人差し指と中指の間に皿を挟み、親指と人差し指を使ってグラスを固定します。フォークなどもいっしょに持つときは、左手の中指と薬指の間に挟みます。

お皿の使い回しはしない

同じ取り皿を何度も使うのはやめましょう。食べ終えたら新しい皿と取り替えるのがブッフェスタイルのマナーです。

料理は少量ずつ取る

ひと皿には少量ずつ３～４品の料理を取るのが目安です。同じ料理ばかり取ったり、皿を山盛りにするのは避けましょう。

ちょこっとマナー　料理が置かれているテーブルに、自分の皿や食べ終えた皿を置くのはNG。

こんなときは？

立食パーティーのQ&A

Q どこで食べればいい？

A 人の流れを遮《さえぎ》らない場所なら、どこでもかまいません。仲間内で固まらず、サイドテーブルに適度に分散し、いろいろな人と歓談しながら飲食を楽しむのがマナーです。

Q 自分のグラスがわからなくなった……

A サイドテーブルにグラスを置くとき、紙ナプキンを折って自分だけがわかる目印にする、コースターに印をつけるなど、マイグラスを見分ける工夫をするといいでしょう。

それでもわからなくなったときは、新しいグラスと飲み物をいただきましょう。

Q 立ち続けることがつらくなったら？

A 会場に用意されている椅子に自由に座ってかまいません。ただし、椅子を占領し続けるのはNG。ほかの参加者にも譲る気持ちを持ちましょう。

Q 目上の人に料理を取り分けるべき？

A 立食パーティーはセルフサービスが基本。友人の分まで料理を取るのはマナー違反です。ただし、目上の人や高齢の人には列に並ぶ手間をかけさせないよう、かわりに取る配慮があってもよいでしょう。

Q 何度も料理を取りに行ってもいいの？

A 料理を取りに行くときは、ひとりひと皿が基本。2枚も3枚も皿を持つのはマナー違反なので、食べたい料理がほかにあれば何度でも取りに行ってかまいません。

2度目以降に料理を取りに行くときは、食べ終えた皿はサイドテーブルに置いておき、新しい皿を使います。

Q 初対面の人と話すのが苦手なのですが……

A 決まった席がなく、会場内を自由に動けるのが立食パーティーの長所です。この長所を生かして、それまで縁のなかった人と親しくなったり、新たな人脈を築くきっかけにするのが、立食パーティーの目的であったりもします。

人見知りをする人も、勇気を出して隣に立っている人に話しかけてみましょう。まずは、自己紹介するのがマナーです。

仕事に関連したパーティーであれば、名刺を多めに用意しましょう。名刺交換をお願いすれば人脈が広がります。

【立食パーティーで会話を楽しむコツ】

自分のセールスポイントを用意

趣味や特技、興味のあることなど、自分から振れる話題を考えておきます。「私も！」と共感してくれる人がいるかもしれません。

主催者との関係を伝える

主催者とどのような知り合いか、どんな趣旨でパーティーに呼ばれているかという話題から入ると、お互いの立ち位置がわかります。

相手のことを知ろうとする

どのあたりに住んでいるのか、趣味は何か、仕事は何か。相手に興味を持ち友好的になりたいと思えば、自然と質問も出てきます。

食べている料理の話をする

「このパスタおいしいですね」「お酒が好きなんですか？」などいま共有しているものを話題にすると、相手も話しやすくなります。

お酒の席のマナー

重要　「楽しく飲む」が第一。強要はNG
重要　お酒をつぐときはていねいに
注意　自分の適量をわきまえておく

適量をわきまえて明るく楽しく飲む

レストランで出されるアルコール類は食事を引き立てる役割が大きいですが、居酒屋やパブなどで開かれる宴席はお酒が主役。もちろん、さまざまな料理が提供されますが、お酒を飲みながら会話を楽しみ、親睦を深めることがお酒の席の目的です。酔っ払って周囲に迷惑をかけたり、飲み過ぎて気分が悪くならないためにも、適量をわきまえましょう。

お酒の席でのふるまい

楽しく飲む

お酒は明るく楽しく飲むことが大切。怒りっぽくなったり愚痴っぽくなると場の雰囲気を悪くします。

飲めない人に強要しない

実は日本人の半数近くが、お酒が苦手な体質だと言われています。飲めない人が無理に飲むのは危険なので、絶対に強要してはいけません。

飲めない人は断っていい

お酒を飲めない人は乾杯で口をつけるだけにし、あとはグラスにお酒を入れたままにしておきます。それでもすすめられた場合は、断ってかまいません。

適量をわきまえる

酔って騒いだり、具合が悪くなったりすると、周囲の人やお店に迷惑をかけます。自分の適量を考えて、雰囲気に流されず飲み過ぎないことが大切です。

ちょこっとマナー　のどが渇いていても、乾杯前には飲み物に口をつけない。

お酒のつぎ方

【日本酒】

銚《ちょう》子《し》やとっくりは右手で持ち、左手を添える。銚子の首は持たない。杯に少しずつつぎ、8〜9分目で止める。

これはタブー

立ったままお酒をつぐ

座敷席で、相手が座っているのに、立ったままつぐのは失礼です。片手でつぐのもNG。

【ビール】

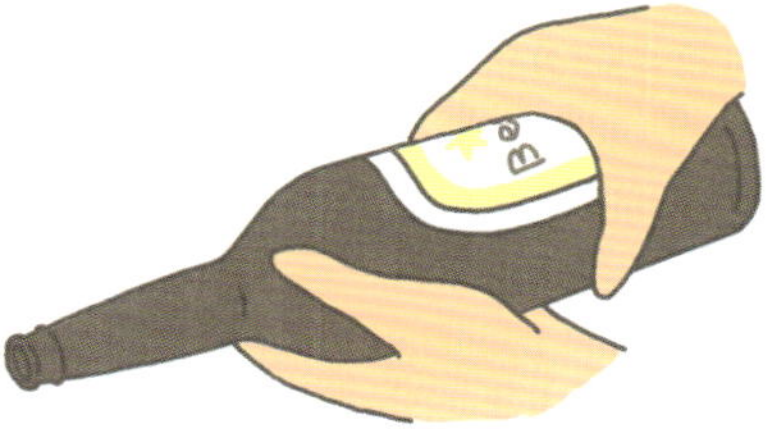

1. ラベルを上にして、右手でびんをしっかりつかみ、左手で支える。

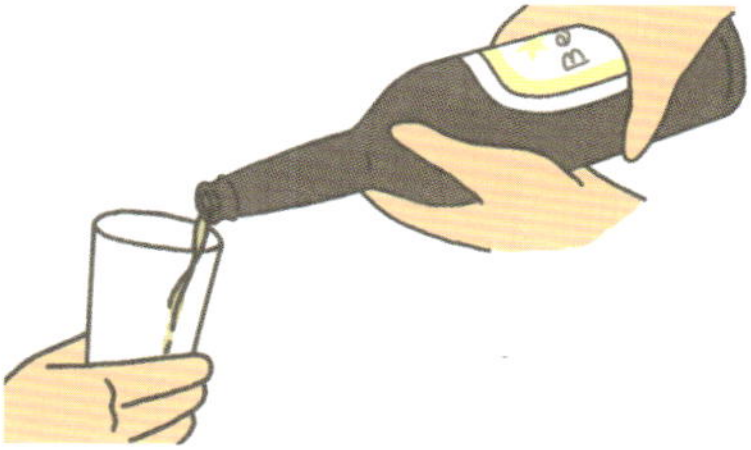

2. 最初は少しずつ静かに、途中から勢いよくそそぎ、少し泡を立てる。最後は再び静かにそそぎ、あふれない程度で止める。

プラスの気配り

グラスの口紅はふき取って

グラスや杯に口紅がついたままだと、だらしない印象を与えます。面倒でも、汚れがつくたびに指やナプキンなどでふき取ります。

ちょこっとマナー お酌はグラスや杯のお酒が３分の１以下になってから。つぎ足すのは避ける。

茶席での基本マナー

重要 もてなす側に感謝の気持ちを持つ
注意 正面を汚さないため茶碗を回す
服装 茶席では腕時計を外す

お菓子のいただき方

1 亭主（茶席でもてなす側）から「お菓子をどうぞ」と言われたら、「いただきます」と一礼し、左隣の人に「お先に（ちょうだいします）」と一礼する。

2 懐紙《かいし》の輪を自分のほうに向けて置き、菓子を箸で取って懐紙にのせる。干菓子《ひがし》の場合は手で取る。

3 箸先を菓子を置いた懐紙の端でぬぐって元に戻し、菓子鉢を左隣の人へ回す。

4 お菓子を懐紙ごと胸の高さに持ち、ようじなどで少しずつ切っていただく。干菓子は手で取り、ひと口でいただく。

抹茶を出されたときの最低限のたしなみとは

年末年始やお花見の季節など、お寺や訪問先などで抹茶を出されることがあります。正式な茶会ではありませんので流派や作法にこだわる必要はありませんが、最低限のお茶のたしなみを知っていれば、その場であわてることもありません。茶席ではゆったりとした時間の流れを楽しみ、季節を愛《め》で、もてなしの気持ちに感謝することが大切です。

合わせて確認！ 懐紙の使い方▶P82

抹茶のいただき方

1 隣の人に「お先に」、お茶を立ててくれた亭主に「お手前ちょうだいいたします」と頭を下げる。

2 茶碗を右手で取り、左手に乗せ、右手を添えて持ち上げ、同時に頭を軽く下げる。

3 茶碗は正面を向いているので、時計回りに2回茶碗を回す。

4 茶碗に口を当て、抹茶をいただく。薄茶の場合、何回で飲みきるという決まりはない。

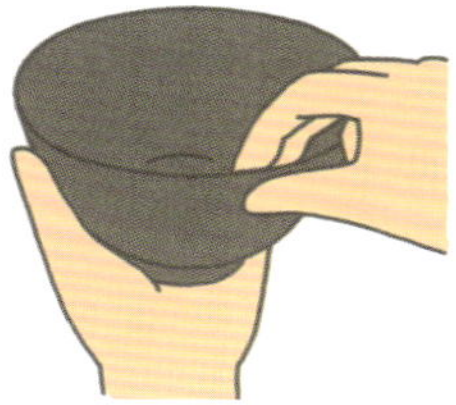

5 飲み終えたら、飲み口を人差し指と親指でふき、さらに指を懐紙でふく。

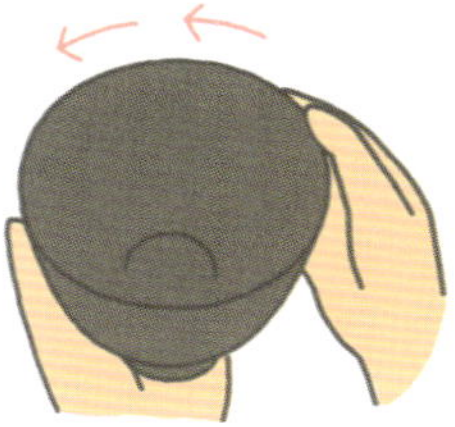

6 茶碗を反時計回りに2回回し、正面を亭主に向けて置く。

プラスの気配り

濃茶の場合は飲み口をきれいに

抹茶には薄茶と濃茶があり、一般的によく出されるのは飲みやすい薄茶です。薄茶はひとり1杯ずつ出されますが、濃茶は1杯のお茶を回し飲みするため、「3人様でどうぞ」などと指定された人数で飲みきれるように調整します。次の人が不快にならないよう、飲み口は懐紙などでていねいにふき取ります。

腕時計を外すのが礼儀

茶席ではコートや帽子を脱ぎます。また、「時間を気にするのは亭主に対して失礼」という考えから、腕時計も外します。

ちょこっとマナー 茶碗を拝見するときは、両手で持ち低い位置でていねいに扱う。

路上などでの常識マナー

街中や駅のコンコースなど、通行人の多い場所では、事故などを未然に防ぐマナーが求められます。安全配慮も大人のマナーです。

スマホの〝ながら見〟は要注意

街の中では、歩きながらスマホを見ている人も多いですが、急に立ち止まったり、すれ違う人とぶつかったり、思わぬ行動で周囲が戸惑うことも。事故を防ぐためにも、必要なときは端に寄り、立ち止まって利用しましょう。

かさの持ち方を意識して

かさを後方に突き出すように持つと、後ろを歩いている人には危険です。とくに、人混みの中や駅の階段などでは、危険度が増します。かさは、できるだけ自分の体に沿うように持つことを意識するとよいでしょう。

火のついたタバコは持ち歩かない

タバコを持つ手の位置は、子どもの顔やベビーカーの高さに近く、小さい子が火の危険にさらされます。また、誰もが受動喫煙は避けたいもの。都心の自治体では、路上喫煙を禁止しているところも。吸い殻のポイ捨てはもってのほか。

食べ歩きはケースバイケース

基本的に食べ歩きは行儀が悪いこととされていますが、いまは状況に応じて許されることも。それでも原則は、ベンチなどに座るか、せめて立ち止まって食べるほうがよいでしょう。お祭りなどでの食べ歩きは許容されています。

自転車は車の仲間と心得て

自転車は自転車通行可の標識がある場所以外は、原則、車道を走ります。車道では左側通行を、止むを得ず歩道を走るときは、車道寄りをすぐ停止できるスピードで。飲酒、かささし、無灯火、ながら運転は道路交通法違反になります。

4章

訪問・おもてなしのマナー

個人の家を訪問するときには、失礼にならないよう、さまざまな気配りが必要です。逆に、自分の家に人を招き、もてなすときにも気づかいをしたいもの。訪問・おもてなしのマナーを心得て、お互いが気持ちよく時間を過ごせるようにしましょう。

訪ねる側

個人宅を訪ねるときの基本マナー

- 重要 必ず先方の了解をとってから行く
- 注意 訪問の時間帯には配慮する
- 注意 訪問の目的を告げておく

訪問にふさわしい時間にアポをとってからうかがう

よそのお宅へうかがうときには、必ず約束してから行くことがマナーです。とくに目上の人への相談事やお詫び、お礼など、改まった要件の場合は、あらかじめ手紙を出しておき、その到着を見計らって電話で都合をたずねるのがていねいです。「いつでもどうぞ」と言われていても、食事の時間帯や夜間・早朝の訪問は避けましょう。手みやげも用意します。

訪問の基本マナー

◆先方の都合をたずねてから

親しい間柄でも、必ず連絡して約束してから訪ねます。

◆訪問にふさわしい時間帯に

午前中なら11時過ぎ、午後なら14～16時くらいに。食事時や夜間・早朝はNG。

◆手みやげを用意していく

個人宅への訪問は、必ず手みやげを持参します。

合わせて確認！ スマートな手みやげの渡し方▶P108

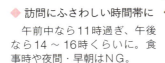

プラスの気配り

訪問にかかる時間なども告げておく

電話で訪問の意図を告げる際に「30分くらいお時間をいただけますか」など、滞在時間の目安も伝えます。玄関先で失礼する場合は、その旨も伝えましょう。

車の場合は違法駐車にならぬように

先方に駐車場がない場合は、近くにパーキングがあるかどうか確認しておきます。違法駐車はNGですから、近くに駐車場がない場合は、最寄り駅まで公共交通機関で行くほうが無難です。

これはタブー

目的なしの訪問

目的をはっきり伝えずに訪問の約束をしようとするのは、相手を不安にさせます。「ちょっとお目にかかりたいのですが……」はNG。

幼児連れ

幼児連れの訪問は、原則避けます。やむを得ず同行する場合は、子どもが飽きないようにお気に入りのおもちゃなどを持参しましょう。

ちょこっとマナー 複数でうかがうときは、あらかじめ人数も伝えておく。

訪ねる側

到着・玄関での基本のマナー

重要 到着は5分早めより5分遅めがよい

注意 身だしなみを整えてからチャイムを押す

服装 靴下、靴などの足元にも注意する

玄関先での基本マナー

雨のときのかさは外に

濡れたかさは水を切り、玄関の脇に立てかけます。

到着は3～5分遅めに

個人宅への訪問は、少し遅れて到着するのがマナーです。

玄関先ですますときは最初に伝える

「本日は、こちらで」と最初に伝えましょう。玄関先での立ち話は、5分程度で切り上げます。

ドアは後ろ手に閉めない

相手に背を向けないよう、体をななめにして振り返るように閉めます。

水ものは玄関で渡す

冷凍品や水気のある生花などは、その旨を伝えて玄関で渡します。

家に上がるまでの流れを押さえておこう

訪問先に着いたら、チャイムを鳴らす前に身だしなみを整えます。現在は、TVつきインターフォンが多いので、先にチャイムを鳴らすと、自分の様子が相手にわかってしまいます。冬場は、マフラーや手袋は外し、コートも脱いだほうがよいでしょう。出迎えた相手には、会釈して簡単なあいさつを。正式なあいさつは部屋に通されてからします。

合わせて確認！ | 訪問先でのマナー Q&A▶P120

玄関の上がり方

1 前向きのまま靴を脱ぎ、そのまま上がる。

2 相手に背を向けないようにして体をななめにし、ひざをついて靴の向きを直す。

3 靴はそろえて、玄関の端に寄せておく。

これはタブー

裸足で上がる

他家を訪問する際は、素足は厳禁。ストッキングかソックスを着用します。どうしてもの場合は、上がる前にフットカバーをはきます。

脱ぎにくい靴

靴は脱ぎはきしやすいものを。型崩れや中敷が汚いものは論外。ロングブーツは、自立タイプでも避けたほうがよいでしょう。

ちょこっとマナー　タクシーで出向くときは、訪問先の家の2、3軒手前で降りるとよい。

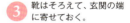

訪ねる側

部屋に通されたら

重要 すすめられた席か、下座に座る

注意 椅子にもランクがある

重要 あいさつは和室と洋室で異なる

和室・洋室ともに入り口に近い下座に座る

部屋に案内されたら「こちらにおかけください」などと指示されない限り、下座に座るのが原則です。和室でも洋室でも出入り口に近い場所が下座です。なお、洋室の場合は、椅子にもランクがあるため注意しましょう。勝手にソファに座ったりしないように。

室内に入ったら、改めてあいさつをします。あいさつは、ていねいに行うようにしましょう。

知っておきたい椅子のランク

高

第1席
ソファ

第2席
アームチェア

第3席
アームレスチェア

第4席
スツール、丸椅子など

低

- リラックスした姿勢が保てる椅子のほうが、上位席です。
- いずれの椅子でも、背筋を伸ばして座るときれいに見えます。

これはタブー

調度品などに触れる

部屋で相手を待つときは、静かに座って待ちます。携帯電話も電源を切っておきます。また、立ち上がって室内の調度品を触ったり、書棚の本を勝手に引き出して見たりすることもしないように。

合わせて確認！ 和室での基本の作法▶P110 洋室での基本の作法▶P112

あいさつのしかた

【洋室の場合】

1 椅子から立ち上がり、相手の目を見てあいさつを述べる。

2 背筋を伸ばしたまま上体を腰から傾けて立礼する。女性の場合は両手を軽く重ね、目線は相手の足元に落とすとよい。

Point

- 招待されたときのあいさつ

「本日は、お招きいただきありがとうございます」

- こちらから約束を依頼したときのあいさつ

「本日は、お時間を割《さ》いていただきありがとうございます」

【和室の場合】

1 座布団が敷いてあっても、下座側の畳の上に座る。座布団に座るのはすすめられてから。

2 あいさつは座布団をおりて行う。相手の目を見て「ごぶさたしております」などと述べる。

3 両手を畳につけ、指先を見るように頭を下げる。背中は丸めず、腰から折るようにする。

ちょこっとマナー 自分でドアを開けて部屋に入るときは、必ずノックをしてから開ける。

訪ねる側

スマートな手みやげの渡し方

重要　手みやげはあいさつのあとに渡す
注意　渡すときは紙袋から出して両手で
お金　金封は菓子折りなどにのせる

手みやげを渡すのはあいさつをすませてから

個人宅への訪問では必ず手みやげを用意します。手みやげは、部屋に通され、相手と正式なあいさつをすませた直後に渡すのが基本です。ふろしきや紙袋から出して、品物の正面を向け、必ず両手で差し出します。そのときは「つまらないものですが」ではなく、「お口にあうとよろしいのですが」や「おいしいと評判のようですので」などと言い添えます。

お金の目安　手みやげ品の金額

通常の訪問では、先方の負担にならないように高額にしないのがマナーですが、頼みごとをする場合は、相応の品物を持参します。

訪問の目的	金額
ごあいさつなど	2,000～3,000円
頼みごと	1万円～

手みやげを選ぶコツ

◆ あらかじめ準備しておく

当日訪問先の近所で求めるのは「間に合わせ」の印象を与えかねません。

◆ 先方の年齢、家族構成を考慮する

先方の好みがわかればその品を。生菓子など早く消費しなければいけないものは、家族の人数に合わせます。

合わせて確認！｜手みやげの受け取り方▶P126

手みやげの渡し方

【洋室の場合】

1 立礼であいさつをする（▶P107）。

2 立ったまま品物を紙袋から出し、正面を向けて両手で相手に差し出す。

【和室の場合】

1 座礼であいさつをする（▶P107）。

2 品物を紙袋から出し、正面を向けてひざの前に置く。

3 両手で畳の上を滑らせるようにして差し出す。

プラスの気配り

お礼を包んで持参する場合

仲人《なこうど》のお礼など金封を渡すときは、手みやげの菓子折りの上にのせて、いっしょに差し出します。とくに目上の人に対しては、金封だけを渡すのは失礼とされます。ギフト券などをお礼にする場合も、のし袋に入れて同様にします。

ちょこっとマナー 改まった訪問のときの手みやげは、ふろしきに包んで持参するのが正式。

訪ねる側

和室での基本の作法

重要 つねに上座を意識しておく

重要 ふすまの開け閉めはスマートに

注意 足元の動きに注意を払う

マナーの基本は目線の高さと足元の動き

和室には独特の作法がありますが、基本として3つのことを覚えておきましょう。1つ目は視線を低めにすること。相手を見下ろすような姿勢は慎みます。2つ目は畳のへりを踏まないなど、足元に関するマナーを守ること。3つ目は上座を意識し、上座にいる相手に背を向けないことです。基本は正座ですが、すすめられたら足を崩してもかまいません。

和室の席次

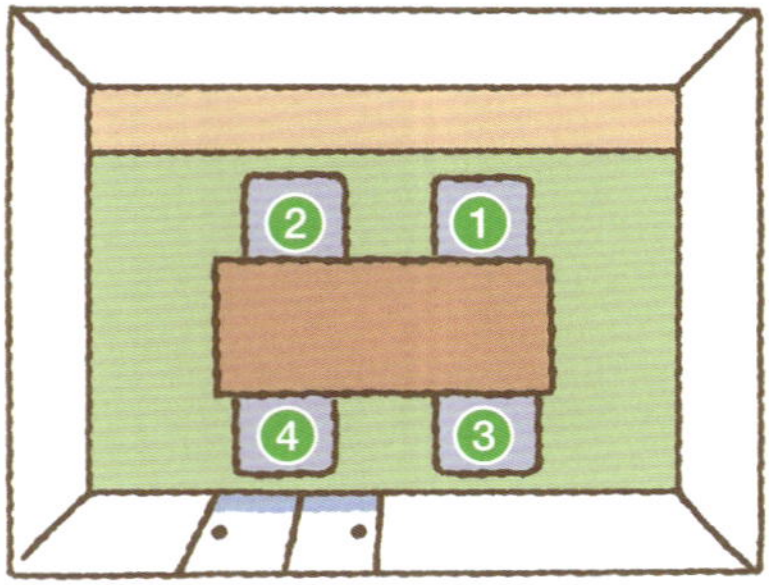

入り口からもっとも遠く、床《とこ》の間《ま》に近い席が最上席。入り口近くが下座になる。

座布団の当て方

1 両手を握って体の脇につき、ひざでにじり寄る。

2 座布団の中央まで寄ったら、正面を向いて正座する。両手はひざの上に置く。

3 座布団を外すときは、両手を握って体の脇につけにじりおりる。

ちょこっとマナー 目上の人に上座をすすめられても、遠慮するのが基本。

ふすまの開け閉め

※❶のみ部屋の外から見た図

1 「失礼します」と声をかけてから、引き手に近いほうの手を、引き手にかけて5cmほど開ける。

2 引き手にあった手をふすまのふちに沿って少し下げ、ふちに手をかけて体半分ほど開ける。

3 手を替えて、ふすまのふちを押し、体が入る程度まで開ける。全部開けずに引き手部分は残す。

4 にじりながら部屋に入り、ふすまに近いほうの手でふちを握って、半分ほど閉める。

5 手を替えて、ふすまのふちをつかんで5cmほどの位置まで閉める。

6 両手を引き手にかけ、全部閉める。

これはタブー

座布団を踏む

座布団は足で踏まないようにします。

座布団の上であいさつ

座布団からおりてあいさつします。

畳のへりを踏む

敷居、畳のへりを踏んではいけません。

ちょこっとマナー ひざを崩すときは、下座側に脚をずらすようにする。

訪ねる側

洋室での基本の作法

重要 洋室では立ってあいさつが基本
注意 どんな椅子でも座る姿勢はきれいに
注意 手みやげは座る前に渡す

座っていてもあいさつは必ず立ち上がって行う

洋室に通されたら、入り口にもっとも近い下座に立ち、立ったままあいさつをします。手みやげは着席する前に渡しましょう。相手が「どうぞおかけください」と言ったら椅子に座ります。

案内の人などに「かけてお待ちください」と言われたときは、いったん下座に座りますが、相手がみえたら、必ず立ち上がりあいさつをします。

洋室の席次

ソファ（長椅子）の場合

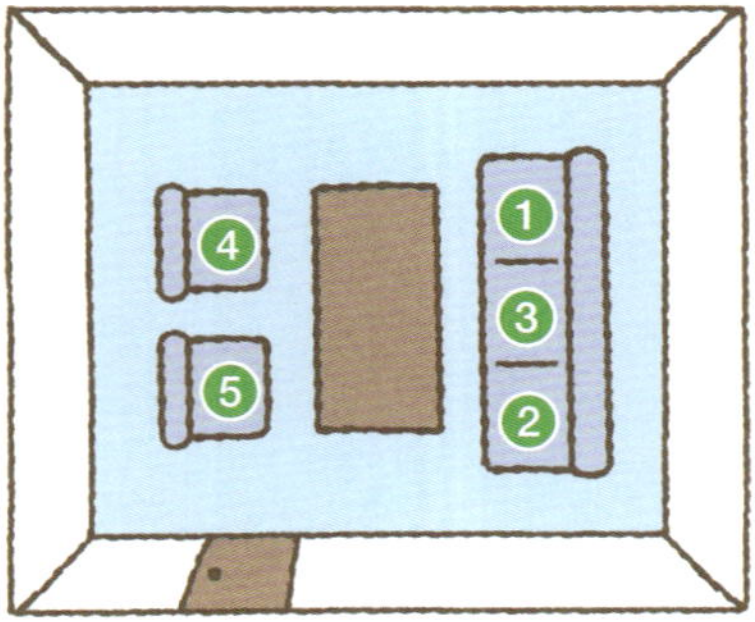

- ひとり掛けの椅子よりも長椅子のほうが上座になるが、長椅子にも席次がある。
- 長椅子では、入り口からいちばん遠い位置が上座、3人掛けの場合は中心が下座になる。

Point

バッグや荷物の置き場所

ハンドバッグなどは体と背もたれの間に置くか、自分の横に置きます。大きめの荷物は、足元に置きますが、本来なら部屋に持ち込まず、玄関の隅などに置かせてもらうほうがスマートです。

合わせて確認！ 椅子のランク P106

美しい座り方

ソファに座る場合は、ひざ頭をそろえた脚をななめに流すときれいに見える。

浅めに腰掛かけ背筋を伸ばす。両手はももの上で軽く重ねる。

これはタブー

寄りかかる

深く座り背もたれに寄りかかる姿勢は見た目もNGです。

脚を組む

横柄《おうへい》な態度と思われがちなので、避けたほうが無難です。

片手で椅子を引く

床を傷つけるおそれがあります。両手で持ち、床を引きずらないようにします。

ちょこっとマナー バッグや紙袋などはテーブルの上に置かないようにする。

訪ねる側

お茶とお菓子のいただき方のマナー

重要 好みを聞かれたら遠慮なく答える

注意 いったん手をつけたら残さない

注意 抹茶とお菓子ではお菓子が先

手をつけたものは食べ残さない飲み残さない

飲み物の好みを聞かれたら「どちらでも……」と言うより、好きなものを答えたほうがいいでしょう。ただし、複数で訪問した場合は、目上の人が決めたものに統一します。飲み物もお菓子も、温かいうち、あるいは冷たいうちにいただきます。食べられないものが出たときは、お礼を伝え、正直に申し出ましょう。いったん手をつけたものは残さずにいただきます。

お菓子のいただき方

Point

飲み物とお菓子の順番

飲み物を飲んでからお菓子に手をつけるのが一般的ですが、抹茶が出されたときは茶道の流儀にならい、先にお菓子に口をつけてから飲むほうがよいでしょう。

【和菓子】

皿を左手でおさえ、黒文字（大きめの楊枝）で、左端からひと口大に切っていただく。

【ケーキ】

1 まわりにセロファンがついているときは、フォークで巻きつけるようにして取る。

2 左端または手前から、ひと口大に切っていただく。食べ終えたら、フォークを銀紙で包み、皿の手前側に置く。

合わせて確認！ 茶席での基本マナー▶P98

お茶のいただき方

【コーヒー・紅茶】

1

角砂糖は一度スプーンにのせてからカップ内に入れる。かき混ぜる時は音をたてない。

2

レモンを入れるときは、スプーンにのせ、そのままくぐらせたら引き上げて元の器に戻す。

3

スプーンはカップの向こう側に置く。

4

カップは指をそろえて持つ。左手はカップに添えない。

【日本茶】

1

左手で茶碗を支え、右手でふたを持ち上げる。

2

ふたの裏のしずくを茶碗のふちに落とす。

3

両手でふたを裏返し、茶碗の右側に置く。

4

右手で茶碗を持ち、左手を底に添えて飲む。おいとまするときはふたを元に戻しておく。

ちょこっとマナー テーブルが離れているときは、カップ＆ソーサーのソーサーを左手に持ってもよい。

訪ねる側

スマートなおいとまのしかた

重要　長居せずタイミングよく席を立つ

注意　引き留められても遠慮するのがマナー

重要　帰宅後はお礼の一報を入れる

長居しないように。帰るときは自分から切り出す

親しい間柄でも長居はマナー違反です。約束をしたときに伝えた時間が近づいてきたら、「そろそろおいとまさせていただきます」と自ら切り出しましょう。目安はだいたい1時間ほどです。

引き留められることもありますが、社交辞令と考えそのまま失礼したほうがスマートです。あいさつは室内でていねいに行い、玄関では手短かにすませます。

帰り際の玄関でのふるまい

〖余韻《よいん》を残す〗

相手が見送っているときは、少し歩いたら振り返り立ち止まって会釈する。

〖見送りを遠慮するひと声を〗

相手が玄関の外まで見送りに出ようとしているときは「こちらで結構でございます」と気づかうようにする。

〖スリッパの脱ぎ方〗

1　正面を向いたままスリッパを脱ぎ、そのまま靴をはく。

2　振り返って腰を落とした姿勢で、スリッパの先を室内に向けそろえる。スリッパラックには戻さない。

ちょこっとマナー　予定よりも話が長引きそうなときは、相手の都合を聞く。

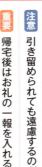

プラスの気配り

約束していない食事は遠慮する

相手から「お食事でも」とすすめられても、前もって約束していない場合は遠慮します。ただし、すでに用意が整っているようなときは、好意に甘えたほうが喜ばれます。

引き留められても早めに帰る

訪問時間は1時間以内、長くても2時間までと心得ましょう。会話がひと区切りついたころに、自分から切り出します。

身支度を整えるのは外で

コート類は、玄関の外に出てから着るのが原則。玄関内ですすめられたときは「失礼します」と断って着てもかまいません。手袋やマフラーなどの小物は、玄関を出てから身につけるほうがスマート。

帰宅後のお礼も忘れずに

親しい間柄なら帰宅後に電話やメールでお礼を伝えます。改まった用件で訪問した場合は、3日以内に礼状を。はがきでもかまわないので速やかに出しましょう。

ちょこっとマナー　おいとまするときは、手みやげを入れていた紙袋なども忘れず持ち帰る。

訪ねる側

ホームパーティーでのふるまい方

重要 約束の時間より5分遅れがベスト

注意 切り上げはタイミングよく

服装 ＴＰＯにふさわしい身なりで

どんな集まりなのかを知りふさわしくふるまう

パーティーにはいろいろな種類があります。ファミリーでにぎやかに楽しむものや、招待状をいただくようなフォーマルなものまで。

お誘いを受けたら、どんな集まりなのかたずねてみましょう。それにより、招待される側の準備も異なります。ホームパーティーでいちばん避けたいのは「場違い」感。そのパーティーの場にふさわしい準備やふるまいが必要です。

ホームパーティーの基本マナー

約束の時間より遅く

開始時刻より早く行くのはマナー違反。定刻よりも５分遅れくらいがベストです。招く側にとって、準備後にホッとひと息入れる時間は、貴重なものなのです。

手みやげは忘れずに

みんなでつまめるお菓子などを持参します。招待された人同士で相談して、ちょっと豪華なデザートを選ぶのも気がきいています。ほかのゲストとのバランスを考えます。

会話を楽しむ

パーティーの楽しみのひとつは会話です。自分の好む話題に執着せず、場を和ませるような話題を提供しましょう。話すだけでなく、聞き上手になることも大切です。

合わせて確認！ | スマートな手みやげの渡し方▶P108

パーティーを楽しむために

子連れの場合は臨機応変に

子ども同士が遊びに夢中になると、思わぬハプニングが発生することも。子どもがいっしょの場合は、目を離さないことが鉄則です。ぐずったりしたときは、早めにおいとまするなどの配慮を。

TPOを確認する

パーティーの内容によって服装なども変わります。カジュアルなものかフォーマルなものか。招待客はどのような人たちかなど、招待された時点でたずねておくと安心です。

おいとまはタイミングよく

切り上げるタイミングはデザートのあと。ただし、雰囲気をこわさないことが大切。「そろそろこのへんで」と少し早めに申し出るのもマナーです。ディナーパーティーなら3～4時間が目安でしょう。

大人だけの場合は役割を分担する

招いてくれる人に、すべてお任せにしないこと。ゲストがそれぞれひと品持ち寄ったり、BBQパーティーなら、道具係、食品係、飲物係、焼き方など、事前に役割分担を決めておくのもよいでしょう。

これはタブー

勝手にドアを開ける

開放されていないエリアのドアを開けたり、関係ない部屋を除いたりするのはマナー違反です。

大声を出す

大声で話したり、大きな音を出したりするのは、近所迷惑にもなります。

ちょこっとマナー　乳児連れのときは、おむつ替えや授乳することをあらかじめ伝えておく。

こんなときは?

訪問先でのマナーQ&A

Q 服装のマナーなどはあるの?

A 個人宅を訪問するときの服装でなによりも重要なのは、清潔さです。とくに靴と靴下はきれいなものをはきます。靴下は洗濯したものでも黒ずみが残っているものは避けましょう。体臭にも気をつけます。夏は制汗剤を使うなど配慮が必要です。ただし香水のつけすぎはNGです。女性の場合、露出の高いファッションも向いていません。

Q 訪問先で上座をすすめられたときは?

A 相手が目上の人の場合やお願いごとでうかがったときは、遠慮するのがマナーです。ただ、最近はあまりこだわらないケースも増えています。何度かすすめられたときは、従うほうがよいでしょう。複数で訪問したときは、目上の人に上座を譲ります。

Q 約束の日程を変えてほしいときは?

A やむを得ない事情があるときは、すぐに連絡をしてその理由とお詫びを述べます。その後の予定がわかる場合は、希望する日をあげて、先方の都合をうかがいます。

Q トイレに行くタイミングは？

A トイレは訪問前にすませておくのがマナーですが、やむを得ない場合は、話が途切れたときなどにします。訪問してすぐに借りたいという場合は「手を洗わせていただきたいのですが」など、ソフトにたずねましょう。生理用品はできるだけ持ち帰るようにします。

Q タバコを吸いたくなったら？

A テーブルに灰皿が用意されていない場合は、禁煙のサインと考えましょう。灰皿があった場合でも、相手からすすめられるまでは遠慮するのがマナーです。

Q お酒をすすめられたら？

A 基本的には食事をすすめられたときと同じように、あらかじめ約束のなかったお酒は遠慮するようにします。食事をいただくことになり、相手がお酒好きで、「ごいっしょに」とすすめられた場合は、いっしょにいただくほうが喜ばれるでしょう。訪問先の人が飲まない場合は、自分が好きであっても遠慮します。

当然ですが、お酒をいただいたときは、飲み過ぎないように注意します。いつもよりグッと抑え気味に飲むことを心がけましょう。

迎える側

お客さまを迎えるときの基本のマナー

重要 歓迎する気持ちで準備する

重要 最低限の掃除・片づけはしておく

注意 来客の好みを考慮するようにする

事前の準備は歓迎の気持ち。相手に合わせた配慮を心がけて

自宅で来客を迎えるときは、相手を緊張させず、リラックスしてもらえるよう考えることが大切です。最低限の掃除は、玄関、トイレ、お客さまを迎える部屋。家族の私物などは移動させておきます。前日までにすませておくと、当日あわてずにすみます。

飲み物とできればお菓子も用意しましょう。相手の好みに合うものでもてなせればベストです。

掃除と片づけのポイント

【トイレ】

念入りに掃除を。タオルやトイレットペーパーは直前に新しいものを用意する。

【玄関】

不要品を片づけ、家族の靴はしまっておく。におい対策も必要。

【外回り】

掃き清めてから夏場なら打ち水などをしておく。

【客間】

座布団は輪になっているほうが正面を向くようにしておく。

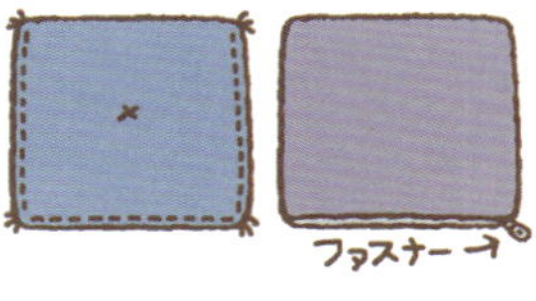

ちょこっとマナー　身支度ももてなしのうち。鏡で全身チェックを忘れずに。

お客さまを気持ちよく迎えるために

部屋は適温にしておく

冷暖房などを事前にセットしておき、室内は適温にしておきましょう。

もてなしの気持ちを表す

花などを飾ってもてなしの気持ちを表します。アレンジメントフラワーなら、手軽に飾れます。

ペットは来客の前に出ないように

ペットは客室に入らないようにするか、カゴに入れておきます。ペット臭を消すために、お香を焚《た》くなどの配慮を。

雨天の日は特別の配慮を

かさ立てはわかりやすい場所に設置し、玄関にタオルを用意しておきます。足ふき用のものもあればベターです。

プラスの気配り

用意しておくとよい物

来客用のスリッパは人数分あるか確認を。お茶やお菓子といっしょに出すおしぼりを用意します。コート類を着用する時季は、玄関先にハンガーラックをつけておくとすぐに預かることができます。

ちょこっとマナー　ペットを飼っている場合は、来客にその旨を事前に伝えておく。

迎える側

スマートな出迎えと案内

重要 15分前には準備を整えておく

重要 玄関でのあいさつは手短かにすます

注意 案内では相手におしりを向けない

早めに準備をすませ玄関でのあいさつは手短かに

訪問先の第一印象は、玄関先での応対がモノを言います。ですから、たとえ約束の時間より早めにお客さまがみえても、あわてるのはNG。15分ほど前には、用意を整えておけば安心です。

玄関のチャイムが鳴ったらすみやかにドアを開け、相手を笑顔で招き入れます。正式なあいさつは客間で行うので、玄関では手短かにすませて、部屋に案内します。

お客さまの出迎え方

【洋風玄関】

立ってあいさつする。

【和風玄関】

ひざをついて迎える。

Point

- **あいさつ**

「ようこそいらっしゃいました」「お待ちしておりました」など簡単に。

- **コート類**

「お預かりします」と預かりハンガーへ。

- **スリッパ**

「どうぞお使いください」とすすめる。

【オートロックマンション】

エントランス（ホール）で出迎える。

合わせて確認！ 和室での基本の作法▶P110 洋室での基本の作法▶P112

部屋に案内するとき

〖押して開けるドア〗

押すドアの場合は、自分が先に部屋に入ってドアを押さえ、室内を手で示し「どうぞ」とお客さまを招き入れる。

〖引いて開けるドア〗

引くドアの場合は、引き開けたドアを押さえ、室内を手で示し「どうぞ」とお客さまを先に通す。

〖和室の場合〗

部屋の入り口でひざをつき、ふすまを開ける。室内を手で示し「どうぞこちらに」と上座の座布団をすすめる。

〖客間まで〗

先に立って案内する。体はななめにして振り返る感じで歩く。お客さまにはおしりを向けない。

〖階段では〗

とっさのときに下から支えられるようにするため、階段を上るときはお客さまが先。階段をおりるときは自分が先。

ちょこっとマナー　お客さまの靴をそろえ直す場合は、部屋に通したあとで。目の前で行わない。

迎える側

客間にお通ししてからのふるまい

重要 上座はしつこくすすめない

注意 いただいたおみやげは高い位置に置く

注意 お礼の言葉に気持ちを込める

さりげなく上座をすすめる。あらためてあいさつを交わす

部屋に案内したら上座をすすめます。和室・洋室とも、出入り口からもっとも遠い席が上座です。ただし、お客さまが目下《めした》だったり固辞する場合は、しつこくすすめないのもマナーのうちです。あいさつは、洋室では立って、和室では畳の上に正座して行います。すんだら洋室ではお客さまに椅子をすすめ、和室では「どうぞお当てください」と座布団をすすめます。

和室での手みやげの受け取り方

1 手みやげを差し出されたら、「お気づかいいただきまして恐縮です」など簡単にお礼を述べ、両手をついて軽く頭を下げる。

2 両手で受け取り、上座側に置く。

3 あらためて深くおじぎをしてお礼を述べる。品物は畳の上に置きっぱなしにせずに、いち段高い床の間かテーブルに置く。

4 お茶のしたくで部屋を出るとき、別室へ持っていく。

合わせて確認！ 和室の席次▶P110 洋室の席次▶P112

お客さまへのさまざまな対応

席のすすめ方

さりげなく「こちらへどうぞ」と上座をすすめます。景色のよい場所や、季節に応じて居心地のよい場所があれば、そこをすすめてもかまいません。「こちらからですと海が見えますので」とか「本日はお寒いですから、こちらへ」など、ひと言声をかけましょう。

お茶のおかわり

30分ほどたったらいれ替えるとよいでしょう。最初が日本茶なら次はコーヒーなどと種類を変えても喜ばれます。お菓子は必ずしも必要ではありません。

お茶やお菓子のすすめ方

お客さまが、お茶やお菓子に手をつけないときは「どうぞご遠慮なく」とすすめます。2、3度すすめてもそのままなら、それ以上は控えましょう。

帰り際の引き留め

お客さまが帰るそぶりを見せたら、「お茶をもう1杯いかがでしょうか」などと引き留めるのがマナーです。すぐに立ち上がるのはNG。しつこく引き留める必要はありません。

食事時間になってしまったら

「お時間があればごいっしょにいかがですか」と声をかけてみます。断られたら、それ以上はすすめなくてもよいでしょう。声がけが帰るきっかけになることも。

ちょこっとマナー 複数のお客さまを迎えたときは、主賓《しゅひん》の方、目上の方をまず上座へすすめる。

迎える側

お茶とお菓子の出し方

重要 飲み物などは必ずトレーにのせる

重要 相手から見てお茶は右、お菓子は左に

注意 お茶のつぎ足しはしない

茶器のセットのしかた

【冷たい飲み物】

コースターにのせ、ストローはグラスの手前からさしておく。

【日本茶】

茶托の木目は横向きで、茶碗は絵柄がある側をお客さまに向ける。

【コーヒー・紅茶】

砂糖、ミルクをつけるときは手前に。スプーンのかき混ぜる側に触れないように置く。むき出しの角砂糖はスプーンの上に。

カップの取っ手は右側、スプーンは柄を右にして手前へ。絵柄があるときは取っ手の向きにかかわらず、絵柄をお客さま側に。

お茶やお菓子は必ずお盆にのせて客間へ

お客さまにお出しする飲み物やお菓子などは、お盆かトレーにのせて運びます。日本茶の場合は、茶碗と茶托《ちゃたく》は別々にのせ、お客さまに出す前にセットしましょう。

お茶の用意は、別室でしても客間のお客さまの前でしてもかまいません（▼P１３２）。お客さまにお出しするときは、和室・洋室いずれの場合も、下座側から出すようにします。

ちょこっとマナー 複数の来客時は主賓《しゅひん》（上座）から出す。身内はそのあと。

お茶の出し方

【洋室の場合】

1 お盆をいったんテーブルの端かサイドテーブルに置く。

2 お客さまから見て右から順におしぼり、お茶、お菓子と並べる。

【和室の場合】

1 お客さまの脇の畳の上にお盆を置く。テーブルの上にはのせない。

2 おしぼりを最初に出す。それから、お客さまから見て右にお茶、左にお菓子を出す。

これはタブー

お茶をつぎ足す

おかわりは、茶托ごと下げ、湯のみをすすいでからいれ直します。お茶のつぎ足しはNGです。

器が濡れている

お茶をこぼしてしまった場合は、出すときにふきんでふきます。お盆の上にきれいなふきんを用意しておきましょう。

ちょこっとマナー カップの取っ手はヨーロッパ式にならうと左側。右がアメリカ式といわれている。

迎える側

お見送りのしかた

重要 見送りはもてなしの締めくくり

重要 一度は引き留めるのがマナー

注意 姿が見えなくなるまで見送る

見送りは玄関の外に出て姿が見えなくなるまで

お客さまがおいとまを切りだしたら「お茶をもう1杯いかがですか」などと、いったん引き留めるのが礼儀です。ただし、引き留めることが相手の迷惑になるようなときは「もう少しゆっくりしていただきたかったのですが……」と、名残惜《なごりお》しさをにじませるとよいでしょう。見送りは、もてなしの総仕上げ。「終わりよければすべてよし」を肝に銘じてふるまいます。

感じのよい見送り方

【改まった来客の場合】

玄関入り口やホールまで見送る。

◆ 玄関では…

お客さまの訪問やおみやげに対するお礼を手短かに伝えます。

【マンションの場合】

通常は、エレベーター前まで送り、相手が乗り込んだら、「ここで失礼させていただきます」と頭を下げる。

【戸建ての場合】

玄関先、もしくは門まで出て見送る。お客さまの姿が見えなくなるまでその場に立ち、ていねいに見送る。

ちょこっとマナー　車での来訪は、マンションなどなら駐車場まで見送る。

プラスの気配り

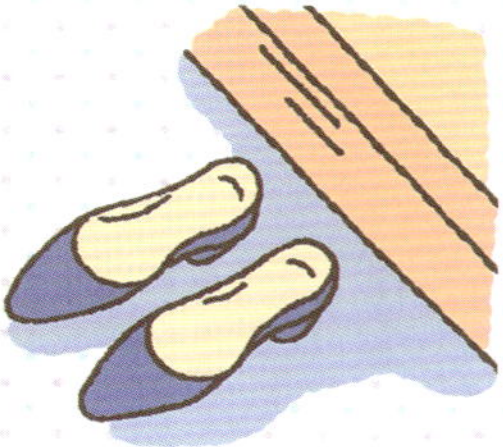

靴は両足の間を少し開けておく

お客さまの靴は、玄関の中央に、足が入れやすいように左右を少し開けて置いておきます。必要なら靴べらもわかりやすい位置に。年配の方やブーツの方には、安定のよいスツールなどを用意すると親切です。

コート類は着やすいように広げて渡す

お客さまが靴をはき終えたら、コートを渡します。その際は「どうぞここでお召しください」とすすめ、袖を通しやすいように広げて差し出します。年配の方には、さりげなく身支度のお手伝いをします。

これはタブー

音をたてて施錠する

玄関でていねいに見送られたとしても、ドアを閉めるや否やカギを閉める音がしては興ざめです。タイプにもよりますが、施錠の音は意外に大きいので気をつけます。

すぐ門灯（玄関灯）を消す

お客さまが玄関を出たとたん、門《もん》灯《とう》を消したりするのは非常に感じの悪いものです。忘れ物に気づいてお客さまが引き返すこともありますから、しばらくはつけておきます。

ちょこっとマナー　家族が在宅の場合は、全員で玄関に出て見送りをするとていねい。

こんなときは？
もてなしのマナー Q&A

Q ホームパーティーにふさわしい料理は？

A ホームパーティーなどで料理にかかりきりでは、お客さまと話す時間がなくなってしまいます。事前に作り、すぐに出せる料理が1～2品あると便利。オーブン料理や煮込み料理など、多少その場を離れても問題ないものはメインにするのがおすすめです。いちばんのポイントは、作り慣れている料理を作ること。はじめての料理はアクシデントが起きる可能性もあります。ゲストの好き嫌いや、アレルギーなどを聞いておくと、メニュー決めの参考にできます。

Q お茶は来客の目の前でいれてもよい？

A 正式には、お茶は来客の前でいれるものとされます。湯が沸いたポットやお茶をいれるセット、お湯こぼしの器、ふきんなどはあらかじめ用意しておきます。お盆の上でお茶をいれたら、茶托《ちゃたく》にのせて出します。湯のみは、ふたつきのものがよいでしょう。なお、キッチンでいれてから運んでもかまいません。

【来客の前でお茶をいれる場合】

1 お茶をいれるときはお盆の上で。

2 茶托にのせて出す。

Q お客さまを泊めるときの心づかいは？

A 自宅へ宿泊することがあらかじめわかっているときは、お客さまにひと部屋を提供し、自由に使ってもらうようにします。寝具は客用のものがあればそれを使い、清潔なシーツやカバーをかけておきます。洗面用具や寝間着も整えておくとよいでしょう。

自宅に宿泊してもらうスペースがないときは、近くのホテルなどに部屋をとりそちらへ案内するようにします。なお、ホテルなどを利用したときの宿泊費用は、招いた側が支払うのが原則です。

Q 手みやげのお菓子は出したほうがいい？

A ケーキやフルーツなど、すぐにいただけるものの場合は、別室で盛りつけてお出ししましょう。そのほうが持参した側もうれしいものです。その際、「おもたせですが、とてもおいしそうなので……」などとひと言添えます。

Q 花をいただいたらすぐに飾るべき？

A 生花は、すぐに生けて客間に飾るのがよいでしょう。ただ、花器を用意したり、アレンジしたりと手間がかかることは否めません。無理であれば、ひとまず水に放っておき、帰り際にていねいにお礼を述べるとよいでしょう。

【手みやげをいただいたら】

ケーキ・フルーツ

別室で盛りつけてお客さまといっしょにいただく。

生花

できればすぐに生けて客間に飾る。無理なら水に挿しておく。

鑑賞・観劇の常識マナー

劇場や映画館、美術館などは、鑑賞・観劇などの目的を持って人が集まる場所です。その目的を妨げないようにするのがマナーです。

映画館、劇場は携帯をオフに

映画やコンサート、演劇などを鑑賞するときは、携帯電話は必ずオフにします。マナーモードでもNGです。暗い場所では、小さな液晶画面の明かりでもとても目立ちます。電源は開演前に切っておきましょう。

飲食はルールを守って

映画館などでは売店もあり、基本的に飲食自体は認められています。ただし、館外からの持ち込みを禁止しているところもあるので、その場合はルールを守って。美術館の展示室では飲食は当然、飴やガム、水やお茶も厳禁です。

美術館では音に注意する

作品の鑑賞を目的とする美術館では、靴音や会話の声に注意しましょう。小さな音でも館内に響きがちです。鑑賞しながらの会話はOKですが、基本はささやく程度の声量で。靴は靴音がしない歩きやすいものに。和装の下駄はNG。

鑑賞順路に従うとスマート

美術館では鑑賞の順路が設けられています。自由に観るのも悪くありませんが、混雑時などは、順路に沿って観るほうが効率がよいことも。作品の前に立ちはだかり、長い間独占するような鑑賞のしかたは、ほかの人に迷惑です。

美術館でのメモは鉛筆のみ

美術館の展示室でメモをとるときは、鉛筆しか使えません。ボールペン、サインペンはもちろん、シャープペンも禁止。万が一、作品にインクや傷がついたら取り返しがつきません。鉛筆がないときは、受付などで借りられます。

5章

結婚のマナー

お祝いごとの中でも、結婚はよりおめでたいものとされています。昔からのしきたりを重んじることも多いので、失礼のないように祝福の気持ちを伝えましょう。結婚式に招待する側は、ゲストをもてなす気持ちで準備することが大切です。

招待される側

結婚式に招待されたら

重要 出席の返信は必ずはがきで出す
期間 出席の返信は1週間以内にする
注意 欠席の返信は1週間ほど日を空けて

出欠の返事は1週間以内。ていねいなメッセージを添えて

結婚式の招待状が届いたら、同封の返信用はがきで出欠の返事をしましょう（▶P138）。やむを得ない事情がない限りは出席とするのが一般的です。新郎新婦と親しい間柄の場合、招待状が届く前に電話やメールなどで出欠を伝えていることもあるでしょう。しかし、その場合でも必ず、はがきで返信するのがマナーです。

招待する側は、招待状の返信を

招待状の返信のマナー

【出席の場合】

招待状には返信の期日が記載されているが、できれば受け取ってから2～3日以内、遅くとも1週間以内には返事を出すようにする。

【欠席の場合】

招待状を受け取った時点で欠席がわかっている場合、すぐに返信するのはNG。1週間ほど時間をおいてから、欠席の理由を書いて返事を送る。

- 出欠の返信は、招待状に同封されている往復はがきを切り離し、「返信はがき」のほうだけを投函《とうかん》します。
- 返信はがきの記載は、毛筆や万年筆が基本です。筆ペンや水性のボールペンでも問題ありませんが、鉛筆やマジックで書くのはNGです。
- 筆記具のインクは黒を使います。ブルーやグレーはNGです。

合わせて確認！ | スピーチ・余興を頼まれたら▶P156

プラスの気配り

当日の予定が決まらない場合は？

当日の予定がわからない場合は、まず先方に電話をし、返事をいつまで待ってもらえるのか確認します。返信の期日を過ぎても予定が決まらない場合は、欠席にしたほうが無難です。その際、先方にはていねいに事情を説明することを忘れずに。

欠席する場合でも祝福を伝える

招待されたけれど、やむを得ない理由で欠席の返事をした場合は、お祝いの品（▼P145）や祝電（▼P141）を贈って祝福の気持ちを伝えるとよいでしょう。お祝いの品は結婚式の1～2週間ほど前に招待状の差出人へ、祝電は前日に会場へ届くよう手配します。

見て食事や引き出物の数を確定します。そのため、返信が遅れると迷惑をかけてしまうため、受け取ったらなるべく早く返信します。ただし欠席するときの返信は、1週間ほどおいてから送るのがよいでしょう。

どちらの場合も、お祝いのメッセージを添え、欠席の場合は、その理由も書きます。

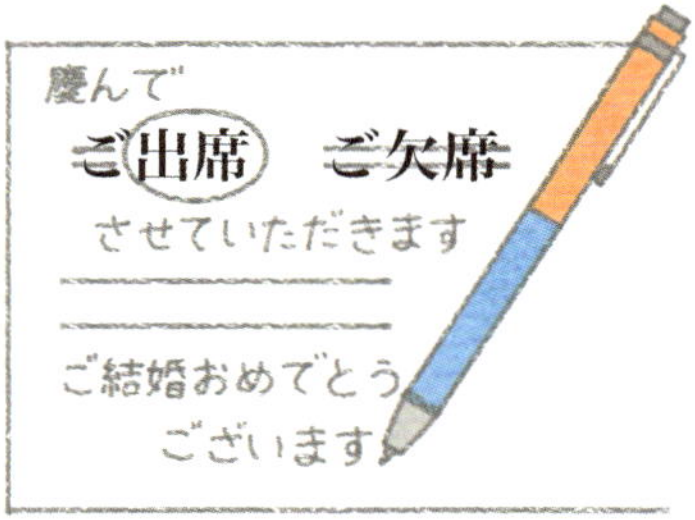

返信用はがきには、手書きでお祝いのメッセージを書き込みましょう。

ちょこっとマナー　ひとまずメールで返信する際も、ていねいな言葉でお祝いメッセージを添える。

返信用はがきの書き方

【表面】

宛名の下の「行」や「宛」を二重線で消し、横に「様」を書き入れる。

自分の住所や氏名などは、表面には書かない。

- 返信はがきは書き間違いのないよう細心の注意が必要です。万が一の場合は、間違えた部分を二重線や「寿」で消して訂正します。
- 書き間違いを修正液で消すのはやめましょう。

Point

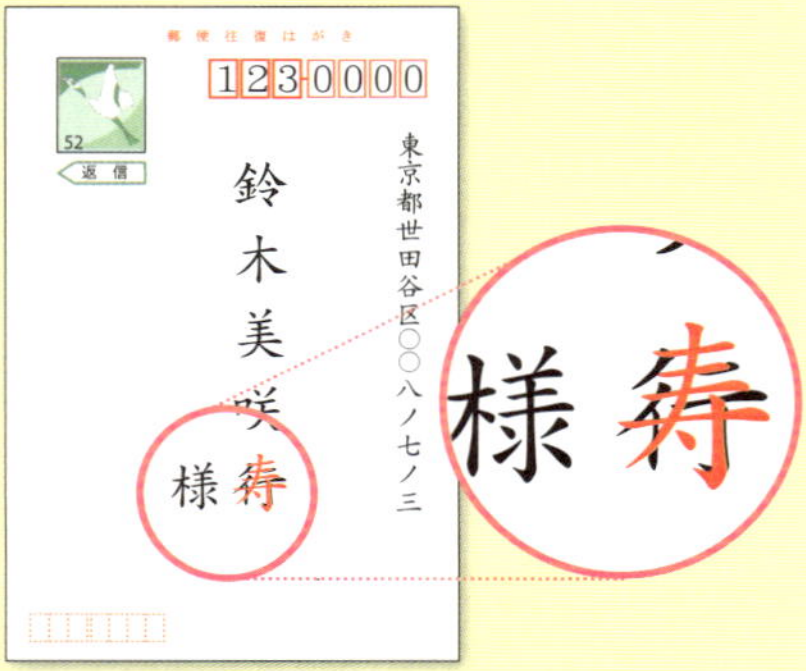

縁起のいい「寿消し」

先方の宛名の「行」を消すとき、「寿」という文字で消すと、縁起がいいと言われています。「寿」の字は赤か黒のインクで書き入れます。

合わせて確認！｜お祝い・お礼の手紙文例▶P216

【裏面】

「出席」の前の「ご」や「御」を短い二重線で、「ご欠席」は長い二重線で消す。

「欠席」の前の「ご」や「御」を短い二重線で、「ご出席」は長い二重線で消す。

◆出席する場合

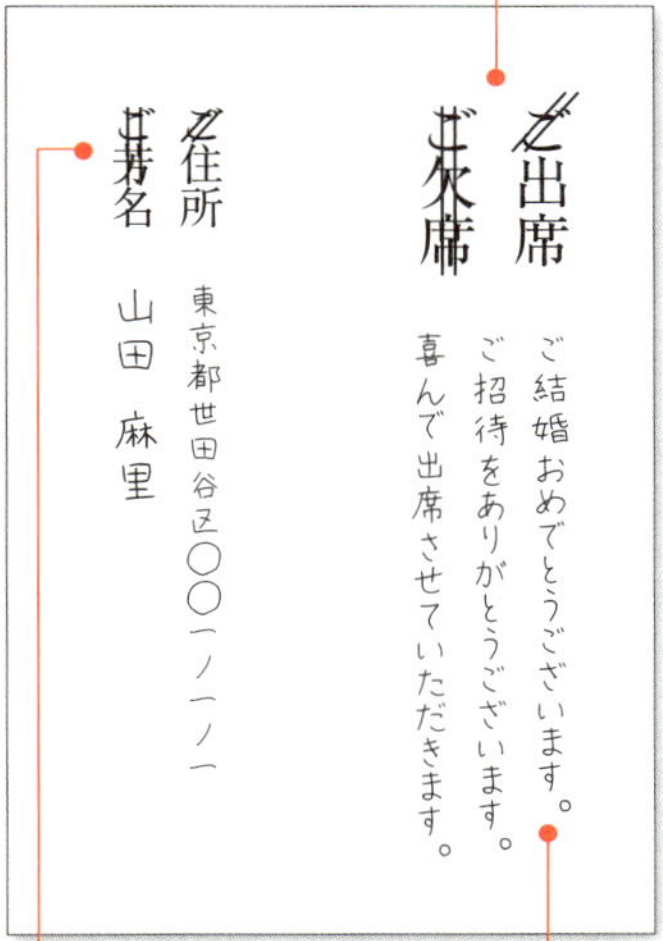

「住所」の前の「ご」や「御」、「ご芳名」の「ご芳」を二重線で消す。

手書きでメッセージを書き入れる。お祝いや招待への感謝の気持ちをこめて。

◆欠席する場合

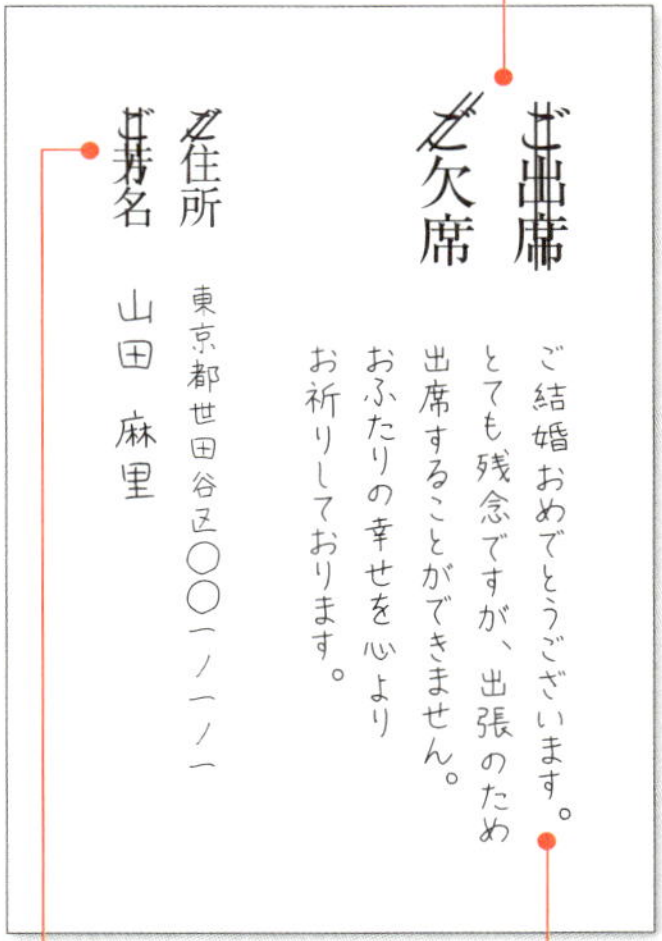

「住所」の前の「ご」や「御」、「ご芳名」の「ご芳」を二重線で消す。

手書きでメッセージを書き入れる。出席できない理由に軽く触れ、残念な気持ちを伝える。

Point

出席のメッセージ

招待状にスピーチや余興を依頼するメッセージが同封されていた場合は、返信に「喜んでお引き受けします」と書いておくと先方が安心します。スピーチや余興は頼むほうも気をつかうもの。気持ちよく引き受けたいものです。

Point

欠席のメッセージ

病気や弔《ちょう》事《じ》を理由にするのはタブー。「やむを得ない理由により」「都合により」と書いて返信し、結婚後に本人と顔を合わせたときに理由を話すとよいでしょう。「多忙」も失礼なので、「出張が入っているので」「外せない身内の行事があるため」など、避けられない理由を書きます。

ちょこっとマナー　メッセージは書き損じのないよう、別の紙に下書きしてから清書する。

こんなときは？

招待されたときのQ&A

Q 急用で出席できなくなったら？

A 急に出席できなくなったら、電話でやむなく欠席する旨を伝えます。ご祝儀は現金書留で贈ってよいですが、当日までに余裕があれば、持参してお詫びにうかがうとていねい。

Q 当日に弔事が重なったら？

A 出席の返信後に、身内の不幸などで直前に欠席となったときは、先方にすぐに電話で欠席の連絡を入れます。弔《ちょう》事《じ》のことは伏せ「やむを得ない事情により」と理由をぼかし、本当の理由は後日伝えましょう。ご祝儀はできる限り早く、現金書留などで贈ります。身内の結婚式とあまり親しくない人の葬儀が重なったら、身内を優先。葬儀には弔電《ちょうでん》を打ちます。

身内が亡くなってから仏式《ぶっしき》の四十九日、神式《しんしき》の五十日祭までは忌中《きちゅう》といい、原則その間はお祝いの席には出席しないのが礼儀です。亡くなってから1年間の喪中の間は、出席してもかまわないとされています。

喪に服す身内は「親・子・きょうだい・祖父母」までですが、同居か別居かによっても変わります。結婚式に欠席するべきかどうかは、家族に相談してみましょう。

【ご祝儀を郵送する場合】

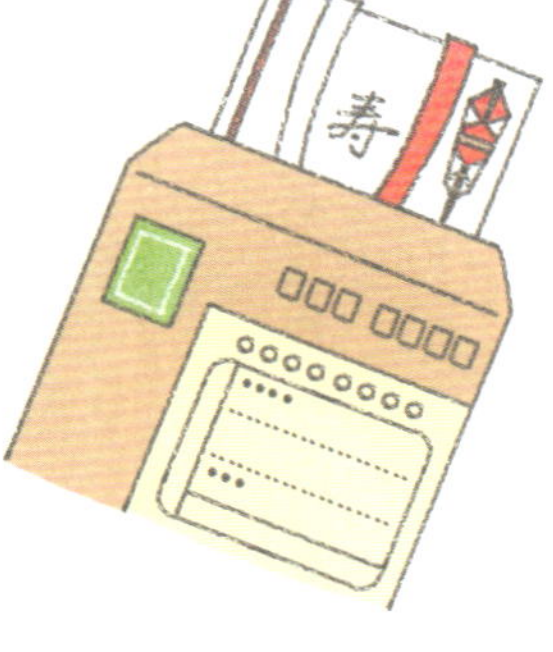

ご祝儀袋が入る大きめの現金書留封筒に、ご祝儀袋ごと入れる。メッセージを同封してもよい。宛名は招待状の差出人宛て。

Q 親しくない人から招待状が届いたら？

A あまり親しくない人から突然招待状が届いたら、戸惑うもの。気が進まない場合は、先に電話やメールで断りを入れ、その後はがきを返送します。断る際は、「ご招待をありがとうございます。その日はどうしても外せない先約があるもので……」と、角が立たないように言葉を選びましょう。

Q 海外挙式に招待されたら？

A 遠方の挙式は、ご祝儀のほかに交通費や宿泊費がかかります。一般には招待した側が負担するものですが、予算が大きいとそうはいかないことも。出席したい気持ちが強いなら、自費で現地に行き、出席のかわりにご祝儀を少なめにするなどしましょう。

Q 祝電はどんなときに送る？

A 招待された結婚式に事情があって出席できない場合や、招待されるほど親しくないもののお祝いの気持ちを伝えたい場合などに祝電を送ります。

電報サービスはNTT東日本・西日本の電話番号「115」のほか、インターネットからも申し込みできます。送り先、宛名、配達希望日、送り主、支払いのためのクレジットカード情報を用意してから申し込みましょう。電報の種類や文面は、用意されたものから選んだり、電話であれば受付の人に相談できます。

送り先	披露宴会場。ホテルや専門式場は、披露宴を行う部屋名まであるとベスト。
宛名	新郎新婦。新郎のことをまったく知らない間柄なら新婦宛てでもよい。旧姓に贈る。
配達日	前日到着を指定。

招待される側

お祝いを用意する

お金　ご祝儀は相手によって相場がある
注意　祝儀袋の包み方にも決まりがある
期間　品物を贈るなら1～2週間前までに

ご祝儀のマナー

【ご祝儀袋と表書き】

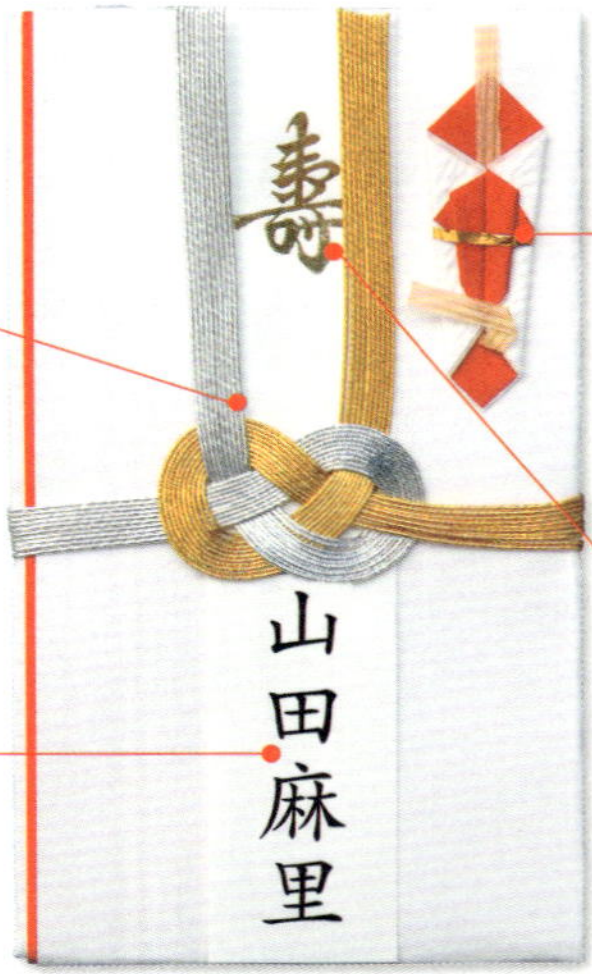

水引は金銀または紅白で、結び切りのものを選ぶ。

必ずのしつきのものを選ぶ。

表書きは「寿」と印刷されたもの。印刷がなければ、中央に「寿」「御祝」などと楷《かい》書《しょ》で書く。

中央に贈り主の氏名を楷書で書く（名前の書き方▶P12）。

- 筆記具は毛筆か筆ペンで。筆書きが苦手な場合、デパートなどでのし袋を購入すると、表書きをしてくれるサービスもあります（有料の場合もある）。
- ご祝儀袋のデザインは、中身の金額が大きいほど豪華になります（▶P10）。

お金は当日の会場へ持参。品物は事前に自宅へ送る

披露宴に招待されたら、披露宴当日に結婚祝い金（ご祝儀）を持参します。お金を入れる袋や渡し方にはマナーがあるので失礼のないようにしましょう。披露宴に招待されていない場合でも、同僚や友人などが集まって連名でご祝儀や品物を贈ることがあります。お祝いの品物を贈る場合は、挙式の1～2週間前までに先方の自宅へ宅配などで送ります。

合わせて確認！｜祝儀袋の選び方▶P10　贈り物の包み方▶P14

【お札の用意】

折り目のない新札を用意。

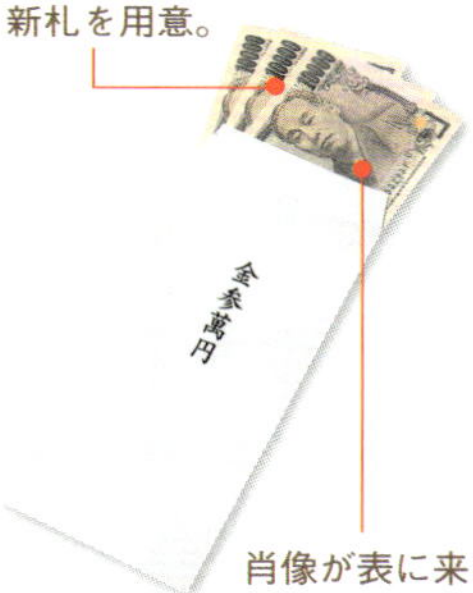

肖像が表に来るよう向きをそろえて入れる。

裏面の左下に住所と氏名を書く。

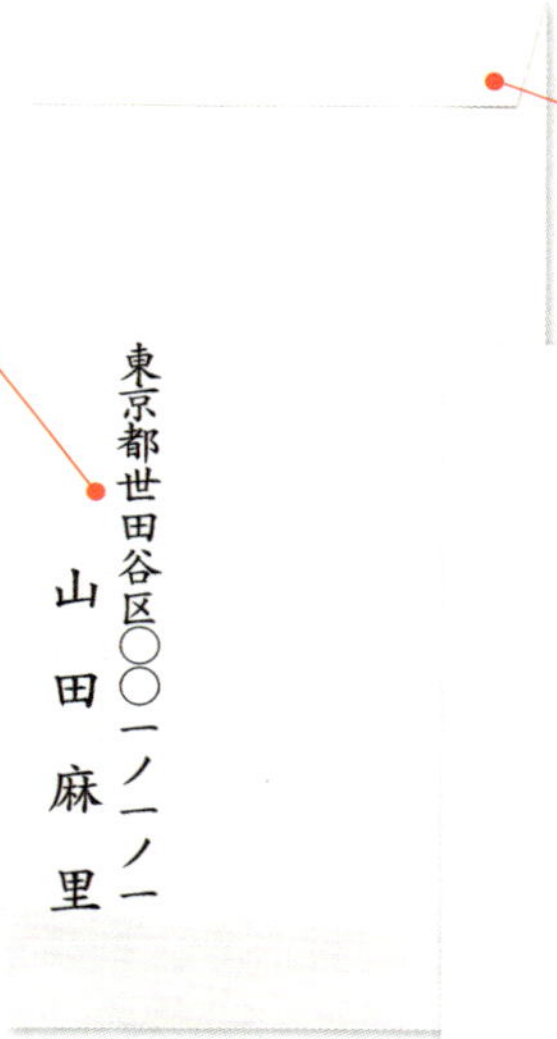

【中包み】

のりづけなどで封をしない。

表面の中央に「金○○○円」と金額を書く。

- 金額は改ざんを防ぐため、大字《だいじ》で書くのが一般的です（▶P13）。
- 金額や住所・氏名を記入する欄が設けられている場合は、そこに記入します。
- 中包み用の袋がない場合は、半紙に包み、のし袋に入れます。

半紙でのお金の包み方

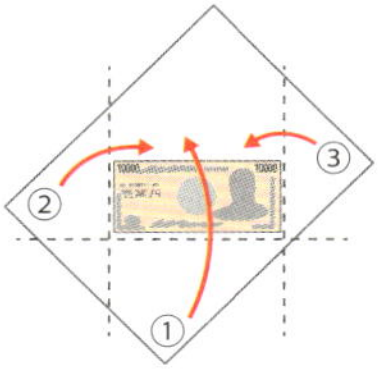

1 半紙に図のようにお札を置き、お札の大きさに沿って、①〜③の順に半紙を折る。

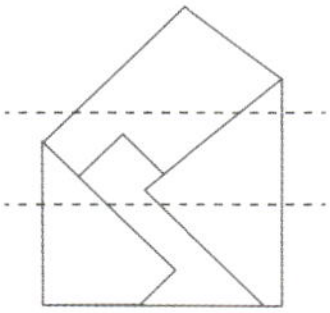

2 お札の大きさに沿って、半紙を折り包んでいく。

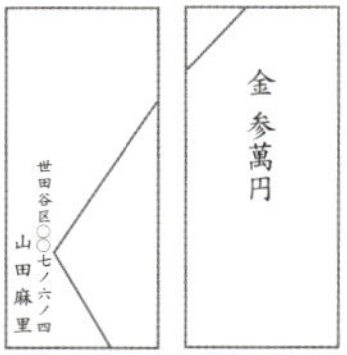

3 表裏それぞれに金額と住所・名前を書く。包み方の向きが逆になると不祝儀なので注意。

ちょこっとマナー ご祝儀袋の裏面は、下部の折り返しが上部の折り返しの上になるようにする。

お金の目安 ご祝儀の金額

昔は結婚のご祝儀は割り切れない奇数にすることが常識とされていました。しかし今では、ペアを表す「2」や末広がりの「8」は贈ってもよいといわれています。反対に、「死」をイメージさせる「4」や、「苦」をイメージさせる「9」は、偶数奇数に関係なく避けるようにします。

贈る相手	金額の目安
友人	3万円
きょうだい	5万～10万円
いとこ	3万～5万円
おい・めい	5万～10万円
職場の同僚	2万～3万円
職場の上司	2万～3万円
職場の部下	3万円
仕事の取引先	2万～3万円

ご祝儀の渡し方

1 受付係に一礼し、「本日はおめでとうございます」とあいさつ。

2 左手でふくさを持ち、右手で中からご祝儀袋を取り出す。

3 ふくさを簡単にたたみ、その上にご祝儀袋を置く。

4 相手に正面になるよう、両手でふくさごとご祝儀袋を差し出す。

- **拔露宴会場にご祝儀を持参するときは、必ず「ふくさ」と呼ばれる小型のふろしきに包みます。最近は簡易型の差し込み式のふくさもあります。**
- **当日は受付係の前でふくさからご祝儀袋を取り出します。**

合わせて確認！ ｜ ふろしき・ふくさのルール▶P16　結婚式・披露宴に参列する▶P152

お祝いの品物を贈るとき

◆友人といっしょに贈ってもよい

披露宴に招待されていて、品物でお祝いをするときは、ご祝儀と合わせて右ページの金額になるように調整します。披露宴には招待されていないものの祝福の気持ちを伝えたい場合は、3,000円以上の品が目安です。職場の同僚や趣味の仲間など大人数でお祝いをすると、ひとり1,000～5,000円ぐらいで高価な品物を贈ることができます。

◆希望を聞けるとベスト

お祝いの品で一般的なのは、食器類やタオル・リネン類、調理道具、時計・置物など。好みは人それぞれなので、親しい間柄なら事前に本人に欲しいものを確認し、贈ると喜ばれます。

これはタブー

「切れるもの」「割れるもの」

基本的に包丁やガラス類、鏡などはNGです。ただし、本人の希望があれば贈ってもよいでしょう。

お祝い品の当日持参

披露宴会場に品物を持参するのは、主催者側の手間を増やしてしまうので遠慮します。

場所をとるもの

先方の住宅事情がわからないとき、家具や置物など場所をとるものは贈らないほうが無難です。また、相手の趣味に合わないものも避けます。

ちょこっとマナー お祝い品を宅配するときは、箱にのしをかけてから包装する「内のし」にする。

こんなときは？

ご祝儀のQ&A

Q 披露宴に出席できないときは？

A 招待されたけれど、都合がつかず欠席となった場合は、**ご祝儀やお祝いの品を、現金書留**（▼P140）**や宅配で送ります**。金額は出席する場合の3～5割程度が一般的です。

Q 会費制の披露宴の場合は？

A 会費制の披露宴は、「ゲストに負担をかけたくない」という思いがあることも。会費がご祝儀となるので、それとは別の**ご祝儀は基本必要ありません**。当日は、ご祝儀袋に会費を入れて持参するとよいでしょう。親しい相手などで**お祝いしたい気持ちが強い場合は、会費を渡す際、少し多めの金額を包んでもかまいません**。事前にお祝いの品を贈ってもよいでしょう。自分の結婚式にご祝儀をいただいている場合は、会費との差額程度の額でお祝いの品を贈る方法もあります。

Q 新郎新婦が再婚の場合は？

A 再婚であっても、**披露宴に招待されたら初婚のカップルと同様にご祝儀を用意し**ます。お祝いを辞退している場合は、特別なものを贈る必要はありませんが、親しい友人などであれば、なんらかの形でお祝いを贈ってもよいでしょう。品物を贈る場合は、贈ってよいか、どんなものがよいかなど、事前に確認しておくほうが安心です。

Q 2次会だけに招待されたら？

A 会費制の2次会では、会費がご祝儀になります。会費制でない場合は、相応のご祝儀を持参（▼Ｐ１４４）するか、事前にお祝いの品を贈ります（▼Ｐ１４５）。

Q 遠方で交通費がかかるときのご祝儀額は？

A 先方から交通費や宿泊費は負担する申し出があったときは、通常通りのご祝儀を用意します。特別な申し出がない場合でも、当日に負担分として「お車代」を渡されることもあるので、相応の用意をしていくほうが無難です。完全にこちらが負担するとわかっている場合は、相場の半額程度でもよいとされます。

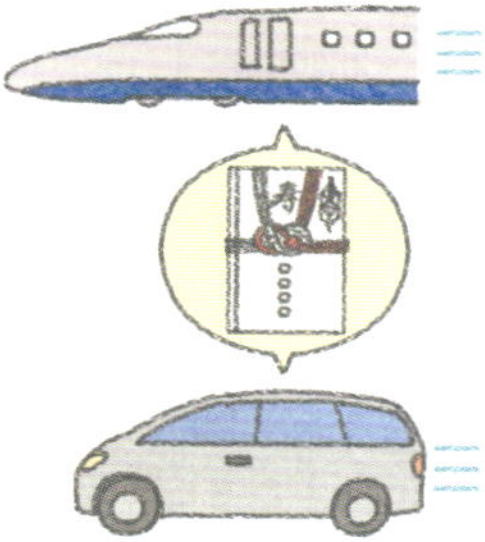

Q 夫婦・家族で出席するときは？

A 夫婦で出席するときは、ご祝儀袋はひとつで連名にして贈ります（▼P12）。金額はふたり分包みますが、3万円の相場であれば5万円という場合が多いようです。

子どももいっしょに出席する場合は、食事の内容で考えます。赤ちゃんで席も食事も不要の場合は、ご祝儀も不要です。お子様メニュー程度の食事がつくのなら1万円、大人と同じメニューなら2万円が目安です。

いずれにしても、5万・7万などの奇数や、8万・10万などの縁起のよい金額にしましょう。

結婚式・披露宴でのよそおい

重要 会場の格式に合わせるのが基本

お金 購入が厳しければレンタルする

注意 派手すぎず地味すぎないよそおいを

よそおいのマナー

女性の和装

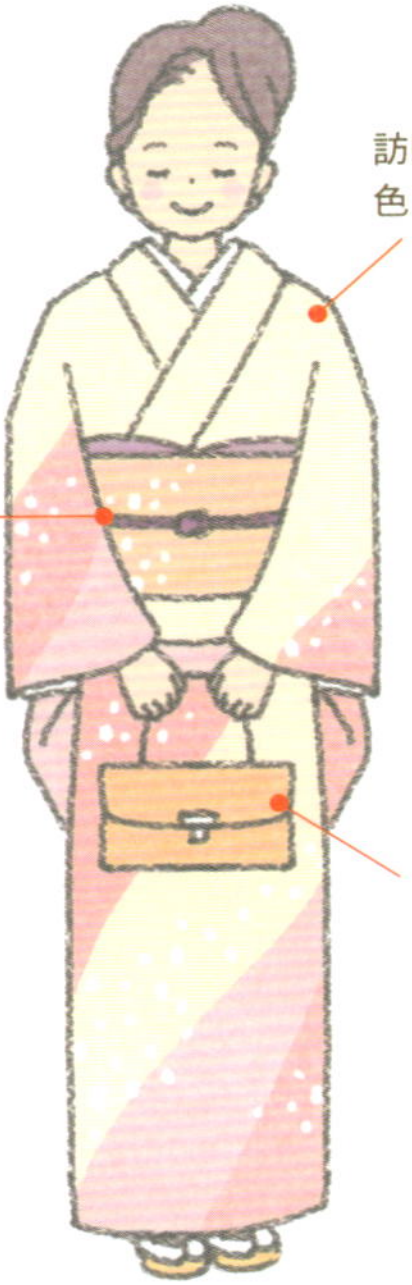
訪問着は華やかな色・柄のものを。
錦織《にしきおり》の袋帯《ふくろおび》など格調の高い帯で。
佐賀錦《さがにしき》のバッグと草履《ぞうり》など、小物も高級感のあるものを選ぶ。

- 未婚者の場合は振袖、既婚者の場合は色留《いろとめ》袖《そで》や訪問着、紋付の色無地です。
- 黒留袖《くろとめそで》は新婦の親族が着用するものなのでNGです。

会場の格式に合わせて華やかなものを選ぶ

結婚式・披露宴に出席するときの服装は、会場の格に合わせ、華やかで高級感のある色や柄、素材を選びます。ただし、あくまでも新郎新婦が主役ですので、主役を立てる気持ちを第一にし、お祝いの場にふさわしい服装にします。「平服で」と指定がある披露宴も増えていますが、これは「正装でなくてもよい」という意味。普段着で行くのはマナー違反です。

合わせて確認！ 結婚式・披露宴に参列する ▶P152

【女性の洋装】

◆夜のよそおい　　◆昼のよそおい

金銀や宝石などの華やかなアクセサリーを着用してかまわない。

シルク、サテンなど光る素材だと、より豪華に見える。

少し肌を出したドレスでもよい。

ヒールは最低3センチ以上あるものを。ワニ革やヘビ革など、殺生《せっしょう》を連想させるものを避ける。

パールなど光沢を抑えたアクセサリーで。

昼の披露宴では肌の露出を控えめにする。

▶ **フォーマルなワンピースやエレガントなドレス、ツーピースなどを選びます。**

プラスの気配り

たとえ「平服」でも、普段より華やかに

招待状に「平服でお越しください」という注意書きがあった場合、フォーマルな印象のあるワンピースやパンツスーツなどを選び、アクセサリーやバッグ・靴などを日常より少し華やかにコーディネイトします。和装なら、小紋も平服に当たります。男性は、きちんとした印象のダークスーツを着用します。

教会では肌を出さない

教会での挙式に肌の露出はNG。ストールやボレロなど、上から羽織れるものを用意しておきましょう。

ちょこっとマナー　家紋が入った着物は格が高い。五つ紋なら正礼装、三つ紋なら準礼装に当たる。

【男性】

タキシード

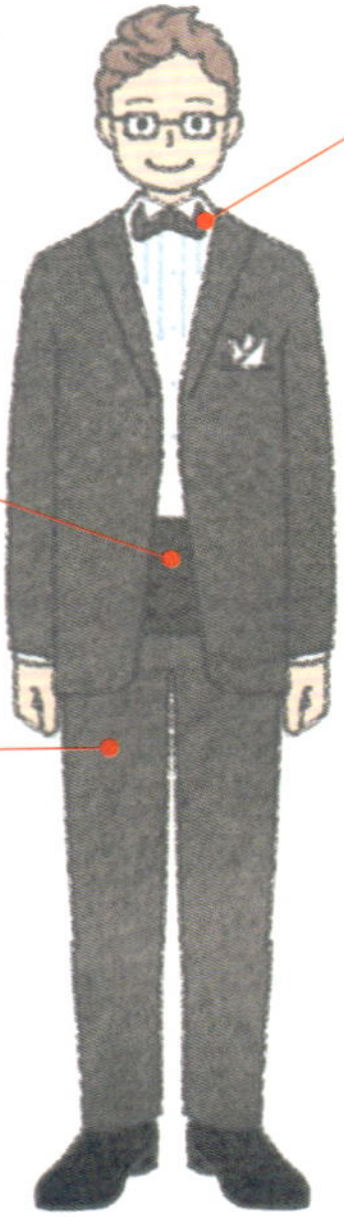

黒の蝶ネクタイをする。

黒のカマーバンドをつける。

ズボンはサスペンダーを用いてつる。

ブラックスーツ

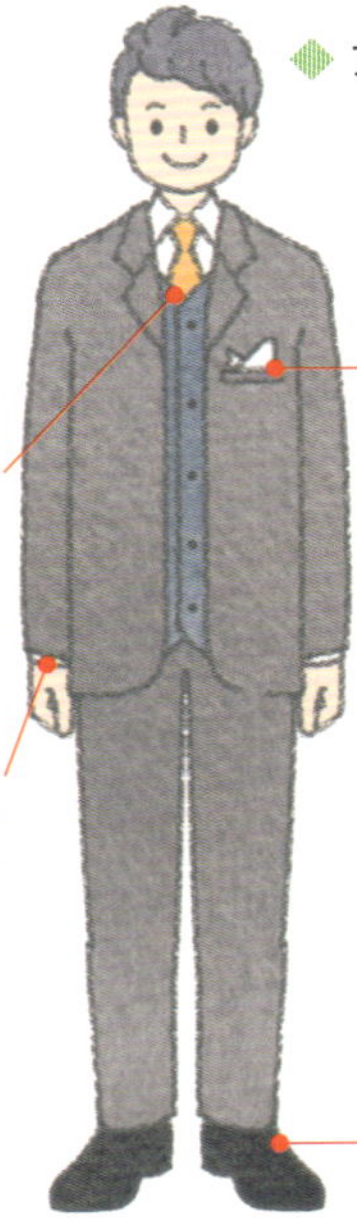

白またはシルバーのネクタイ。華やかなものも可。

白いポケットチーフを胸にあしらう。

カフスやタイピンなどの小物で華やかにしてもよい。

足元は黒い革靴と靴下で。

▶ **タキシードは夜の準礼装。欧米での夜の正礼装はテールコートですが、日本では新郎のよそおいなので招待客は避けます。**

▶ **ブラックスーツは昼も夜も使え、さらに弔事《ちょうじ》にも使える日本独自のよそおいです。**

ポケットチーフの折り方

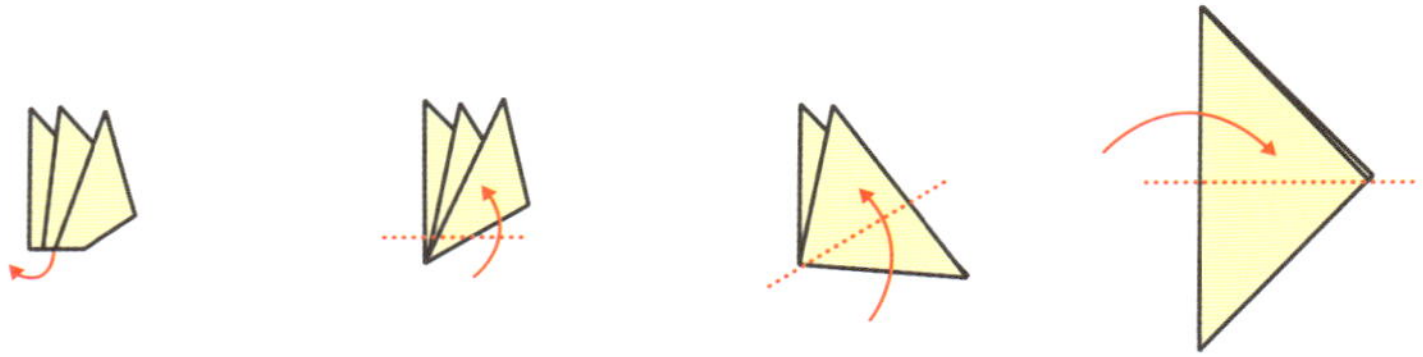

1. 対角線で半分に折る。
2. 先を少しずらすようにして半分に折る。
3. もう一度、先をずらすように折る。
4. 下部を少し折り、ポケットに差し込む。

ちょこっとマナー　男性の和装は、黒以外の紋付袴が一般的で、羽織を着る。足袋は白。

〖子ども〗

- 男の子はスーツかブレザースタイルにし、ネクタイを着用。
- 女の子はフォーマルなワンピースなどで可愛らしく。髪をアップにし、髪飾りをつけます。
- 学生の場合なら、学校の制服が正礼装。

これはタブー

すべて黒

弔事《ちょうじ》を連想させる全身黒もNG。光る素材や、レースやフリルなどがついた華やかなデザインならOK。

すべて白

全身白の衣装は花嫁だけに許されるものなのでNG。

目立ちすぎ

新郎や新婦より目立つ派手なデザインは避けます。

カジュアルな素材

どんなに高価でも、木綿やニットなど普段づかいの素材は避けます。

小紋や紬

和装の場合、小紋《こもん》や紬《つむぎ》は普段着に分類されるので、たとえ高価なものでもNG。

ちょこっとマナー　フラワーガールや花束贈呈を頼まれたら、レンタルドレスで特別感を出す。

招待される側

結婚式・披露宴に参列する

- **重要** 式の進行や関係者の指示に従う
- **重要** 同席者にあいさつ、親族にお祝いを
- **注意** 乾杯でグラスを合わせるのはNG

結婚式は厳そかな気持ちで。披露宴はスマートに祝う

結婚式にはキリスト教式、神前《しんぜん》式《しき》、仏前《ぶつぜん》式《しき》、人前《じんぜん》式《しき》がありますが、いずれも新郎新婦が結婚を誓う神聖な儀式。披露宴より厳《おご》そかな雰囲気です。参列者は式の進行や式場関係者に従って動き、滞りなく式が行われるよう心がけます。

一方、披露宴は新郎新婦を祝う場。飲食はテーブルマナーに従い、スマートに。スピーチや余興に耳を傾け、拍手などで盛り上げます。

挙式でのマナー

神前式

入場
↓
修祓《しゅうばつ》の儀（お清め）
↓
献饌《けんせん》の儀・祝詞《のりと》奏上
↓
三献《さんこん》の儀（三三九度の杯）
↓
誓詞《せいし》奏上
↓
玉串奉奠《たまぐしほうてん》
↓
指輪の交換
↓
親族固めの杯
↓
退場

▶ 列席者全員の杯にお神酒《みき》がつがれるので、３口で飲み干します。お酒が飲めない人は飲むふりだけでかまいません。

キリスト教式

入場
↓
讃美歌斉唱
↓
聖書朗読と祈祷《きとう》
↓
誓約
↓
指輪の交換
↓
結婚成立の宣言
↓
讃美歌斉唱
↓
祝祷《しゅくとう》
↓
退場

▶ バージンロードは神聖なものなので踏まないようにします。

▶ 讃美歌斉唱では列席者全員が起立し、コーラス隊などに合わせて歌います。

ちょこっとマナー 遅刻しそうになったら、まずは会場へ連絡する。

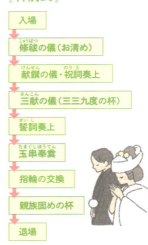

披露宴でのマナー

披露宴中も気配りを

宴中のスピーチ・余興の間は飲食をしてもよいですが、終わったら拍手を。同じ席の招待客がスピーチ中は飲食を控えます。

退席時は席札なども忘れずに

メニュー、席札、席次表などは、引き出物といっしょにすべて持ち帰ります。出口で見送る新郎新婦と両家の親には招待のお礼を述べます。

同席者にはあいさつを

受付をすませたら（▶P144）、席次表に従って自分の席に座ります。同じテーブルの人とあいさつを交わします。

親族にはお祝いの言葉を

控え室や会場で、両家の親や親族に会ったときは、「本日はおめでとうございます」とお祝いの言葉を述べます。

これはタブー

大きな荷物を持ち込む

荷物はクロークに預け、式場や披露宴会場に持ち込むのは小さなバッグ程度にします。バッグはテーブル上ではなく、腰の後ろに置きます。

乾杯でグラスを合わせる

乾杯するとき、グラスを合わせて音を立てる必要はありません。同じテーブルの招待客と視線を交わし、目の高さまでグラスを上げるだけに留めます。

合わせて確認！｜洋食の基本マナー▶P70　日本料理の基本マナー▶P78

招待される側

結婚式での係を頼まれたら

- 重要 依頼はできる限り引き受ける
- 重要 事前に必要なことを確認しておく
- 注意 遅刻は厳禁。当日は早めに会場へ

できる限り引き受け、担当の役割を果たす

結婚式には司会・受付・撮影など、さまざまな係が必要です。プロに依頼するカップルも多いですが、アットホームな結婚式をめざして友人に依頼する人もいます。係を頼むということは信頼している証《あか》し。頼まれたら、できる限り引き受けましょう。当日は事前に進行を確認しておき、自分が担当する場や時間帯を把握して、早めに行動します。

司会者の心得

事前の打ち合わせが重要

司会者はもっとも責任が大きい係。新郎新婦や会場の担当者と事前にしっかり打ち合わせをし、進行プログラムや台本を当日までに用意しておきます。

当日は出演者にあいさつを

スピーチや余興が予定されている招待客には披露宴がはじまる前にあいさつし、間違いがないか確認します。

Point

- 媒酌人や主賓、スピーチ・余興をする人の氏名・肩書・新郎新婦との関係を事前に確認する。
- 祝電を読み上げる順を新郎新婦や両親と確認する。
- 普段よりもゆっくり話すことを心がける。

ちょこっとマナー スタッフでも、普通どおりにご祝儀を用意し受付をすます。

受付係の対応

1 招待客のお出迎え

招待客が受付に来られたら、「本日はご出席ありがとうございます」とお礼を述べる。

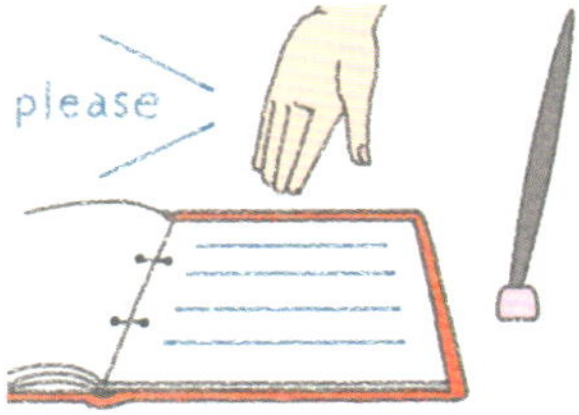

2 芳名帳への署名の案内

芳名帳《ほうめいちょう》を示して、「おそれ入りますが、こちらに署名をお願いいたします」と誘導し、氏名と住所を記入してもらう。

3 ご祝儀を受け取る

祝儀袋を両手で受け取り、「ありがとうございます」とていねいに頭を下げる。

4 席次表の手渡しと会場案内

芳名帳に書かれた氏名から席次表を探し、手渡す。このとき、会場を「こちらです」と手で示すとわかりやすい。

撮影係が写真を撮るポイント

挙式前

- 新婦のメイクシーン
- 親族の控室

挙式

- 新郎新婦の入場
- 指輪の交換
- 退場後の祝福シーン
- 誓約
- 新郎新婦の退場
- ブーケトス

披露宴

- 新郎新婦の入場
- 乾杯
- 来賓《らいひん》のスピーチ・余興
- お色直し後の入場
- 新郎新婦の謝辞
- 主賓《しゅひん》のあいさつ
- ウエディングケーキ入刀
- 各テーブルの歓談の様子
- 両親への花束贈呈

▶ 撮影係はあらかじめ進行プログラムに目を通し、撮影ポイントを新郎新婦と確認しておきます。

ちょこっとマナー 撮影係は場内を動き回ることが多いため、動きやすい服装で出席する。

招待される側

スピーチ・余興を頼まれたら

重要 あくまでも祝福する内容で

重要 事前にしっかり準備と練習をする

注意 祝いの席にふさわしくない話は避ける

スピーチのポイント

友人へのスピーチ

友人のスピーチは新郎新婦や招待客全員が楽しみにしているもの。学生時代などを振り返って明るいエピソードを紹介し、お祝いの気持ちを伝えましょう。

スピーチの時間は3分程度を目安に。原稿にすると800～1,000字程度。あらかじめ原稿にして練習し、時間を計っておくとよい。

仕事仲間へのスピーチ

新郎新婦の人柄のすばらしさや仕事ぶりを称《たた》えた後、具体的なエピソードをひとつはさむと効果的です。

当日は原稿を見ながらのスピーチでもOK。ゆっくり誰かに話しかけるように読み上げる。背筋を伸ばし、笑顔を絶やさないことがポイント。

明るい内容で場を盛り上げ新郎新婦を祝福する

スピーチはどのような立場で話すのかにより、内容が変わります。友人としてか仕事仲間としてか、新郎新婦との関係から見極めたうえで、事前に原稿を作成し、練習しておきましょう。

余興を頼まれたときは、お祝いの場にふさわしいプログラムを考えます。音響設備などが必要な場合は、事前に新郎新婦を通して会場に確認しておきます。

ちょこっとマナー　スピーチで話すエピソードは、新郎新婦に了解を得ておく。

仕事仲間へのスピーチ文例

自己紹介をし、新郎(新婦)との関係を簡単に説明。新郎新婦と親族へお祝いのあいさつを述べる。

自己紹介・お祝い

ただいまご紹介にあずかりました新郎・山本くんの勤務先の入江と申します。
新郎新婦をはじめ、ご両家のみなさま、改めましてご結婚おめでとうございます。

新郎(新婦)の人柄や仕事ぶりなど、親族や友人が知らない一面を紹介。

人柄

私は山本くんが○○商事に入社して以来のおつき合いでございます。
山本くんは入社当時からとにかく元気いっぱいで、あっという間に職場の人気者になりました。昨年からは営業部で6名のチームをまとめるリーダーを務めており、後輩の面倒見がいいと社内でも評判です。営業の仕事にはいいときもあれば悪いときもあります。しかし、山本くんにはどんな事態にも動じない度胸が備わっており、年長の者の私から見ましても頼もしい限りです。

エピソード

昨年秋、そんな山本くんが私のもとを訪れ、「結婚を考えている相手がいる」と打ち明けてくれました。お相手の美咲さんとも一度お会いする機会がありました。美咲さんは本日の花嫁姿も本当にお美しいですが、初対面でも「明るく健康的なお嬢さん」という印象で、私は一も二もなくふたりの結婚を祝福しておりました。

新郎新婦とのエピソードや、結婚を祝福する気持ちを述べる。旧姓は出さないようにする。

激励

これからの長い人生は、今日のような晴れやかな日ばかりではございません。きっと雨の日も風の日もあるでしょう。しかし、ふたりで力を合わせて幸せな家庭を築けば、どんな苦難も乗り越えていけるはずです。イギリスには「結婚は喜びを2倍にし、悲しみを半分にする」ということわざがあるそうです。私もまったくそのとおりだと、自らの経験から感じております。

締め

最後になりましたが、ご両家ご列席のみなさまのご多幸をお祈りし、お祝いのあいさつにかえさせていただきます。
山本くん、美咲さん、本当におめでとうございます。

締めの言葉。新郎新婦の親族や列席者にも触れ、再びお祝いの言葉で締める。

今後の結婚生活への励ましの言葉。重みのある言葉を入れると、まとめやすい。

ちょこっとマナー　スピーチに呼ばれて席を立つときは、同じテーブルの出席者に軽く頭を下げる。

友人へのスピーチ文例

友人のスピーチは明るいお祝いのあいさつからスタートする。旧姓では呼びかけない。

自己紹介をし、(新郎) 新婦との関係を述べる。友人ならではの呼び方は、ひと言断りの言葉を入れてから。

お祝い
山本さん、美咲さん、ご結婚おめでとうございます。
ご両家のみなさま、心よりお祝い申し上げます。

自己紹介
私は美咲さんの高校の同級生の島田優香と申します。
当時から「美咲」と呼んでいますので、本日もそう呼ばせていただく失礼をお許しください。

人柄
美咲と私は、高校のテニス部で知り合いました。練習は厳しくて、終わるといつもヘトヘトでした。私は疲れてコートの後片づけもできないぐらいでしたが、美咲はいつも率先して後片づけをし、私はその背中を尊敬の思いで見ていたことを覚えています。
高校を卒業後、別々の大学へ進学したのですが、どんなに忙しくても月に1度は顔を合わせ、趣味でテニスを楽しんだり、おいしいものを食べたり、ときには温泉旅行をしたりもしました。悩みがあるといつも美咲に相談し、前向きな美咲から私は元気をもらっていました。

(新郎) 新婦の人柄など、友人しか知らない姿を紹介。

エピソード
そんな美咲に山本さんという素敵な彼氏ができたと聞いたのは、一昨年の温泉旅行でのことです。「彼の前だと自然体でいられる」という美咲の言葉を聞き、「きっと運命の相手なんじゃない?」と、そのときは冗談交じりに答えたのですが、その後、美咲がどんどんきれいになっていくのを見て、どうやら本当に美咲にとって山本さんは運命の相手なのだと思いました。

友人しか知らない具体的なエピソードや、相手を誉める言葉を入れる。

激励
これから、おふたりはあたたかなご家庭を築いていかれることでしょう。山本さん、ときどき美咲をテニスに誘うと思いますが、日焼けしても許してくださいね。そしてこれからも、ずっと長いおつき合いをよろしくお願いいたします。

締め
山本さん、美咲、どうぞ末永くお幸せに。
本日はお招きいただき、誠にありがとうございました。

最後は、お祝いの言葉や招待への感謝の言葉で締める。

今後の結婚生活を祝福し、長いおつき合いを願う。

ちょこっとマナー 新郎新婦や両家の親族にお祝いを述べるときは、相手のいる方向を見て。

余興のポイント

人気のあるのは映像系

音や映像、動きのあるものがにぎやかで好まれます。歌や演奏は友人といっしょなら緊張もやわらぐでしょう。楽器演奏などは確実にできるものを選びましょう。

余興の例

- プロフィール映像の上映
- ゲーム
- 歌
- 楽器演奏

みんなが楽しめるものに

余興は披露宴の場をなごませるためのもの。幅広い年代が楽しめ、誰にでもわかりやすい内容にします。新郎新婦に参加してもらう余興は、事前に新郎新婦や司会者に了解をとり、お色直しの時間に当たらないようにします。

これはタブー

身内話や暴露話

一部の人にしかわからない話は、それ以外の招待客を白けさせます。新郎新婦に迷惑がかかる暴露話もNGです。

長すぎるスピーチや余興

スピーチなら3分程度、余興でも5～10分程度が基本。長すぎると招待客を退屈させ、進行の妨げになってしまいます。

不幸な話や異性の話

家庭の不幸には触れないこと。友人の間では周知のほかの異性とのエピソードも、互いの親族にとっては不愉快です。

自慢話や宣伝

会社代表のあいさつの場合、つい自社の宣伝をしてしまいがちですが、結婚式ではふさわしくありません。自分の自慢話ももちろんNGです。

宗教や政治の話題

信奉する宗教や支持する政党などの話題は避けます。

なれなれしい口調

親しくても、披露宴では一線を引き、ていねいに話します。あくまでも新郎新婦を立てる気持ちで。

ちょこっとマナー　なにごともぶっつけ本番は新郎新婦に失礼。しっかり準備を。

招待する側

結婚式に招待する

- 重要　人数は両家のバランスで決める
- 重要　席次は基本＋出席者の状況に応じて
- 期間　招待状は3か月前には発送する

招待客選びや席次は両親に相談しながら慎重に

招待客は両家ほぼ同数か、6対4程度の割合にするのが基本。本人たちだけでなく、親がおつき合いする相手を呼ばなければならない場合もあるので、必ず双方の親に相談します。招待状は披露宴の3か月前か、遅くとも1か月前には届くように送ります。このときスピーチや余興を依頼することも忘れずに。媒酌人《ばいしゃくにん》や主賓《しゅひん》には郵送せず、直接持参します。

招待状のルール

文章には「、」や「。」を使わない。

差出人を明記する。

爽やかな風が吹く季節になりましたが　皆様はいかがお過ごしでしょうか
さて　このたび　私たちは2年の交際を経て　結婚する運びとなりました
○月○日　○○教会にて挙式後　ささやかではありますが　日ごろお世話になっている皆様をお招きし　披露宴を開催したいと存じます
皆様にはご多忙の折に大変恐縮ではございますが　ぜひご出席いただきますようお願い申し上げます

○年○月○日

記

日程　○月○日（日曜日）午後2時より
場所　レストラン「△△」

山本雄太
鈴木美咲

大変お手数ではありますが ○月○日までに出欠のお返事をいただければ幸いです

披露宴の日時と場所を明記する。会費制の場合は、会費の記入を忘れずに。

出欠の返信の期限にも触れておく。

▶ 招待状の差出人は、両家の親の連名にするか本人たちの連名にするか、必ず親に相談しましょう。

ちょこっとマナー　招待状の封筒の宛名書きは毛筆か筆ペンを使う。

基本の席次

【ちらし型】

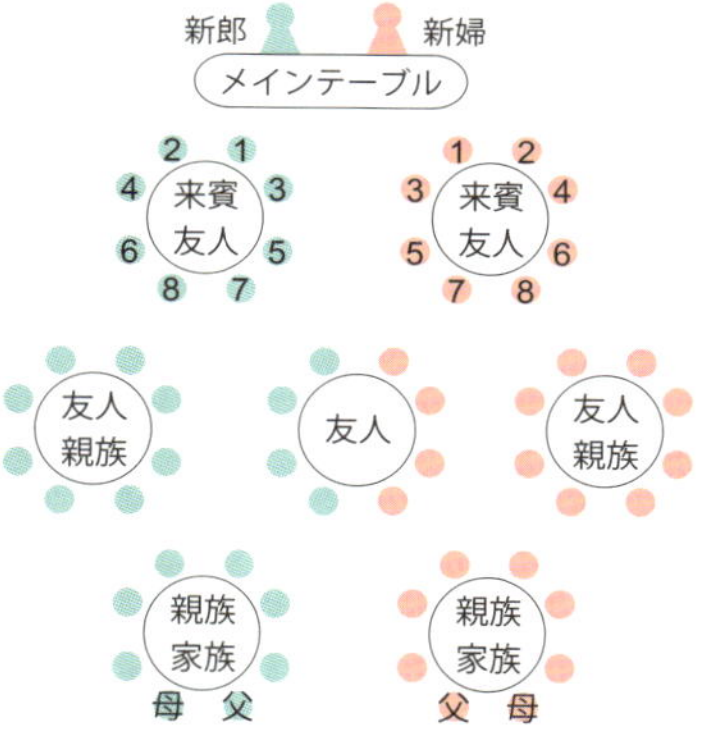

【くし型】

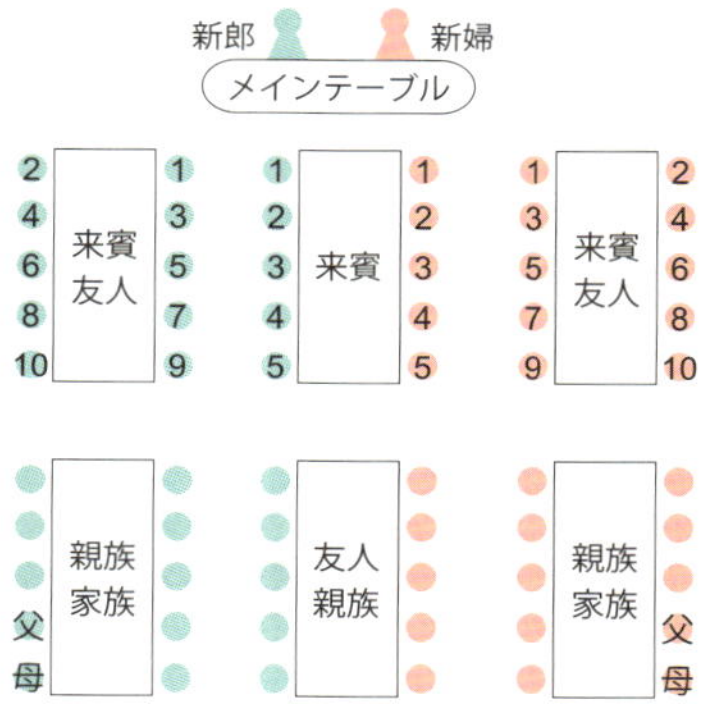

※各テーブルの①がいちばんの上席。

- **席次を決める際は、招待客への細やかな配慮が必要なため、両親に相談するようにしましょう。**
- **新郎新婦に近いほど上席なのが席次の基本。主賓は来賓《らいひん》テーブルの最上席に、両親は末席のテーブルになります。**

プラスの気配り

席次を決めるときは招待客の顔ぶれを考慮する

同じテーブルに顔見知り同士を配置すると、宴のスタートからなごやかな雰囲気になります。

初対面同士の場合は、同じような立場や同年代の人が並ぶようにすると、互いになじみやすくなります。

高齢者や幼い子ども連れの招待客は、トイレなどに立ちやすい出入り口に近い席にします。

ちょこっとマナー　遅刻や中座があらかじめわかっている人は、目立ちにくい席にしておく。

招待する側

引き出物・謝礼を用意する

重要 数が多いので事前にしっかり準備

注意 引き出物は見た目に差が出ないように

お金 謝礼は渡す相手によって相場がある

引き出物は軽く かさばらないものが理想

引き出物は披露宴の招待客に贈る品物で、引き菓子＋品物の組み合わせが多く見られます。地方の風習により贈るものは異なりますが、最近ではかさばらず招待客が欲しいものを選べるカタログギフトも増えています。

謝礼は媒酌人《ばいしゃくにん》や結婚式・披露宴でお世話になったスタッフへ渡すもの。種類や人数が多くなるので、前日までに用意しておきます。

お金の目安 引き出物の金額

引き菓子や品物を用意するときは、金銀か紅白の水引を結び切りしたのし紙をかけます。表書きは「寿」とし、名前は両家の姓か新郎新婦の名前を連名にします。

引き菓子	1,000～2,000円	袋代	100～300円
品物	3,000～5,000円	プチギフト	300～1,000円

プラスの気配り 引き出物の内容は相手に合わせる

親族には地域の風習に従った品物、友人には若い世代に喜ばれる品物など、贈る相手により品物を変える方法もあります。

中身が変わっても、紙袋は極力同じものを用意。人により見た目に差が出ないように配慮しましょう。

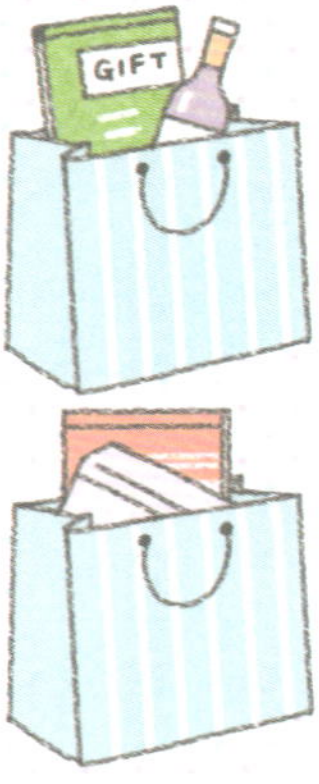

合わせて確認！ 贈り物の包み方▶P14

謝礼のマナー

渡す相手	金額の目安	祝儀袋の種類	手渡すタイミング
媒酌人	● **謝礼** **挙式当日のみの仲人**:5～10万円 **結納から披露宴までの媒酌人**:10～20万円 ● **御車代**:実費相当のきりのいい金額	● **謝礼**:金銀または紅白の結び切りの水引がついたのし袋。表書きは「御礼」とし、両家の連名とする。 ● **御車代**:紅白の結び切りののし袋。表書きは「御車代」とし、両家の連名とする。	できれば別室を用意し、披露宴終了後に両家両親と新郎新婦がそろって手渡す。菓子折りなどの上に御礼と御車代の封筒を重ねて渡すとよい。
会場 (結婚式場に含まれない町の教会・神社・寺院)	● **教会**:10～30万円程度 ● **神社・寺院**:5～20万円程度(いずれも会場の規定があれば、それに従う)	● **教会**:白封筒に「献金」と表書きする。 ● **神社・寺院**:金銀または紅白の結び切りの水引がついたのし袋。表書きは神社なら「初穂料」、寺院なら「御供物《おくもつ》料」とする。いずれも、名前は両家の連名とする。	挙式終了後、両親または親族から会場へ手渡す。
式場スタッフ	● **美容師・着付係**:3,000～5,000円 ● **介添人**:3,000～5,000円	「ご祝儀」「こころづけ」などと印刷されたポチ袋に入れ、新婦の姓を書く。	開始前に両親または親族から、式場担当者にまとめて渡す。
友人スタッフ	● **司会係**:2万円 ● **受付係**:3,000～5,000円 ● **撮影係**:5,000～1万円+経費	「ご祝儀」「御礼」などと印刷されたポチ袋に、両家の姓を連名で書く。	披露宴後に、御礼の言葉とともに新郎新婦や両親から手渡す。

ちょこっとマナー　謝礼を受け取らない会場もあるので、事前にそれとなく確認しておくとよい。

招待する側

結婚式当日のふるまい

重要 笑顔と礼儀正しさを忘れない

注意 友人がいても羽目を外さない

お金 金銭関係は両親や親族に任せる

大忙しの1日に備えて体調を整えておく

結婚式当日は分刻みのスケジュールで進行します。前日の夜は早めに休み、体調を整えておきましょう。結婚式では緊張することが続きますが、忙しいなか出席してくれる招待客や、関わるスタッフすべての人に感謝することを忘れずにふるまいます。友人であっても笑顔で礼儀正しく接しましょう。

ご祝儀や謝礼の管理は、両親や親族に任せるようにします。

当日を迎えるにあたって

両親への感謝の気持ちを言葉にする

結婚を前に、もっとも感謝したいのは両親や家族に対してです。前日夜や当日の朝、あわただしいなかではありますが、「お世話になりました」「ありがとう」と感謝の言葉をかけるようにしましょう。

おめでた婚では決して無理をしない

おめでた婚の場合、事前に衣装やスケジュールへの配慮がありますが、当日は慣れないうえに緊張することが多く思った以上に負担がかかります。体調に異変を感じたら、すぐに介添人《かいぞえにん》や親族の女性に伝え、休憩をとるようにします。

ちょこっとマナー　係を頼んだ友人や会場へは、前日に確認の電話を入れる。

当日のスケジュール

	【スケジュール】	【注意点】
出発前	● 新婦はヘアメイク・着付などがあるため、ヘアメイク担当者の指示どおりの身づくろいで3～4時間前には会場に到着しておく。 ● 新郎は1～2時間前には会場に到着しておく。	● 終日ゆっくり食事をする時間はないので、朝食をしっかりとる。 ● 交通渋滞なども考え、早めに自宅を出る。
式場に到着後	● 新婦は着付・ヘアメイクをする。 ● 新郎は着替えを終えたら、会場担当者や司会者、撮影係にあいさつし、最後の打ち合わせをする。	● 新婦は着物・ドレス姿の間はトイレに行きづらくなるので、水分は控えめに。着付けの前にトイレをすませておく。
挙式準備をすませた後	● 控室で媒酌人《ばいしゃくにん》や親族に参列のお礼を述べる。	● 新婦は着物やドレスが乱れるので、椅子に座ったままあいさつしてかまわない。このとき、「座ったままで失礼します」とひと言断りを述べる。 ● 用事があるときは、介添人か親族の女性に頼む。
挙式中	● 進行係の指示に従って、儀式を行う。	
披露宴中	● 招待客の出迎えでは、出席を感謝する気持ちを伝える。 ● 媒酌人のあいさつと主賓《しゅひん》のスピーチは起立して拝聴する。 ● つねに笑顔を忘れずに。 ● アルコールや食事は控えめに。	● 花嫁衣装の新婦は動きづらいので、新郎はゆっくり歩くなどの配慮を。
披露宴後	● 招待客を笑顔で見送り、重ねてお礼を述べる。 ● スタッフを頼んだ友人の食事や飲み物などに気を配る。 ● 両親とともに媒酌人を見送る。	● 媒酌人や会場スタッフなどへのお礼やご祝儀のとりまとめなど、金銭関係は両親や親族に任せる。
2次会	● 当日に2次会を開く場合は、新郎は2次会出席者の会場までの交通手段などに気配りし、手配する。 ● 新婦は着替えをすませてから、新郎や両親に合流する。	

ちょこっとマナー 2次会の会計は幹事任せにせず、新郎新婦も立ち会って確認する。

結婚式が終わったら

招待する側

結婚式後1か月以内に結婚通知状とお祝い返しを

結婚式を終えたら、1か月以内にふたりの結婚を知らせる通知状を招待客や日ごろおつき合いをしている友人知人に郵送します。披露宴に出席できなかった人からいただいたお祝いには、お祝い返しを贈ります。新居へ引っ越したら、ご近所へのあいさつ回りを忘れずに。また、新婚旅行のお土産も両親・親戚・職場の上司や同僚・友人などに渡したいものです。

結婚通知状の例

文頭は時候のあいさつから入る。

結婚式の日にちや場所を報告する。

> 新緑の美しい季節となりましたが、みなさまにはますますご健勝のこととお慶び申し上げます。
>
> さて、私たちは○月○日、○○ホテルにて結婚式を挙げました。
>
> まだまだ至らないところが多いふたりですが、これからは互いに力を合わせ、幸せな家庭を築いていく所存です。
>
> どうぞ今後とも、私たちを温かく見守っていただきますようお願い申し上げます。
>
> 新居は△△駅に近く、交通至便な場所にございます。お近くにお越しの際は、ぜひお立ち寄りください。
>
> ○年○月○日
>
> 〒123-0000　東京都世田谷区○○1-9-103
山本　雄太
美咲
（旧姓・鈴木）
TEL 090-000-0000

結婚の通知とともに、新居への転居通知を兼ねる。相手に新居への訪問を歓迎する気持ちを伝える。

新居の住所・電話番号を明記する。

重要 いただいたお祝いはリストで管理を

お金 内祝いはお祝いの半額程度

期間 何事も結婚式後1か月以内が基本

ちょこっとマナー　両親・親戚には結婚式のスナップ写真を渡す。

お金の目安 内祝いの金額

披露宴に招待できなかった方からお祝いをいただいている場合、挙式から1か月以内に内祝いを贈ります。タオルセットやお菓子、食器、カタログギフトなどの実用品が一般的。

のし紙は紅白の結び切りで、表書きは「内祝」とし、新郎新婦の連名にします。

内祝いは、いただいたお祝いの半額程度のものを贈る。

Point

贈り忘れがないよう一覧表で管理

結婚祝いは面識のない親の関係者などから受け取ることもあります。そこで内祝いに漏れがないように、誰から何をいただいたのか一覧表を作成し、品物を選ぶ際に役立てましょう。職場の同僚など身近な間柄だとお祝いの金額を少なめに設定し、「お祝い返しはなしで」と暗黙の了解があるケースもあるので、相手により柔軟に対応します。

プラスの気配り

内祝いは礼状を添えるとよりていねい

内祝いに礼状を添えると、よりていねいになります。礼状は品物を発送するときに同封するとスマートです。

◆礼状の文例

> 先日はあたたかなお祝いをありがとうございました。まことにささやかな品ではございますが、感謝の気持ちにかえてお贈りいたします。

新居でのあいさつ回りは引越し前に

あいさつ回りは引越しの2～3日前にすませておくと、ご近所にも好印象です。必ずふたりで出向きます。事前にできなければ、引越し当日か翌日には行いましょう。

ちょこっとマナー　当日の係などでお世話になった友人は、新居に招いてもてなしを。

ホテル・旅館での常識マナー

リラックスして過ごしたいホテルや旅館。公共の場としての考え方も少し異なります。それぞれのマナーを知っておきましょう。

持ち帰りできるのはアメニティーのみ

浴室に置かれているシャンプーやリンスなどのアメニティー用品は、使わなければ持ち帰っても問題ありません。ただし、タオルやガウンのような備品は持ち帰り厳禁です。備品のタオルをビーチで使うのもNGです。

室外の服装にもルールあり

ホテルでは自分の部屋を一歩出たら街路と同じと考えるのが常識です。寝間着のような格好で室外に出てはいけません。旅館では、浴衣で外に出ても問題はなく、その上に羽織などを羽織って外出してもかまいません。

宿泊者以外は入室禁止

原則として、ホテルでは宿泊者以外の人が部屋に入ることは認められていません。ただし、スイートルームなどのようにオフィスや別室が複数がある場合は可能です。来客とはホテルのロビーやラウンジで会うようにしましょう。

飲食物の持ち込みは配慮して

ホテルや旅館によっては部屋に飲食物を持ち込むのを禁止しているところもあります。勝手に持ち込んで、持ち込み料が発生するケースもあるので注意しましょう。禁止と公言していないところでも、持ち込む際は控えめにする配慮を。

カートは畳の上に置かない

和室の旅館では、キャスターつきのカート（荷物）やトランクをどこに置くか迷うことも。基本的には、部屋の隅か板張りの床の上に置きます。地面を引きずってきたキャスターを畳の上にあげるのは避けましょう。

6章

お悔やみごとのマナー

葬儀などのお悔やみごとは、予期せずに起こるものです。いざというときに戸惑わないよう、お悔やみのしかたなどは、一般的な手順を覚えておきましょう。宗教ごとに作法が異なりますが、あまりこだわりすぎず、遺族を思いやる気持ちを第一とします。

会葬する側

訃報を受けたら

服装　緊急なら地味めの普段着でよい

お金　急ぎの弔問に香典は不要

注意　死因などには触れないほうがよい

身内や親しい相手なら すぐに駆けつける

逝去《せいきょ》の第一報を受けたとき、相手が身内や親しい友人なら、すぐに駆けつけます。仕事先や外出先から駆けつけることもあるため普段着でかまいませんが、派手すぎないよう配慮しましょう。急ぎの弔問《ちょうもん》には香典などは不要です。遺族に会ったら、まずはお悔やみの言葉を述べます。一般的なおつき合いの友人・知人の場合は、通夜か告別式に参加するようにします。

駆けつけるときの服装

【女性】
化粧は控えめにし、長い髪はまとめる。
アクセサリー類はできる限り外す。
露出の多い服のときは、黒めのカーディガンなどを羽織る。
黒のストッキングにはき替える。
【男性】
ネクタイは地味なものにつけ替える。
Tシャツや色柄のシャツは、白シャツに替える。
派手な色やデザインのジャケットなどは脱いでおく。

ちょこっとマナー　派手なネイルは黒レースの手袋で隠す。お焼香の際は外す。

プラスの気配り

亡くなったときの様子や死因などは聞かない

亡くなって間もない弔問は、遺族も心の整理がついていない状態です。ナイーブな話題には触れず、「このたびはご愁傷《しゅうしょう》さまです」「心よりお悔やみ申し上げます」など、短くお悔やみの言葉を述べるに留めます。

故人との対面の前後は遺族の話に耳を傾ける

弔問では、遺族から「どうか顔を見てやってください」と故人との対面をすすめられるケースが少なくありません。遺族には「○○さんが故人に会いに来てくれた」という想いがあるので、臆せずに対面をお受けしましょう。また、遺族には語りたいことがたくさんある場合が多いので、静かに耳を傾けましょう。

故人との対面のしかた

1 正座したまま故人の枕元ににじり寄る。

2 遺族が顔をおおう白布を外したら合掌。仏式以外は深く頭を下げる。

3 正座のまま後ろに下がり、遺族へ深く一礼する。

ちょこっとマナー　あまりに用意がよすぎると、遺族の感情を逆なでることもあるので注意。

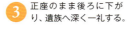

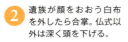

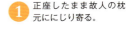

会葬する側

香典・供物を用意する

注意 宗教により袋や表書きが異なる

重要 「御霊前」ならどの宗教もOK

お金 香典は親族以外は５０００円が相場

香典のマナー

【仏式】

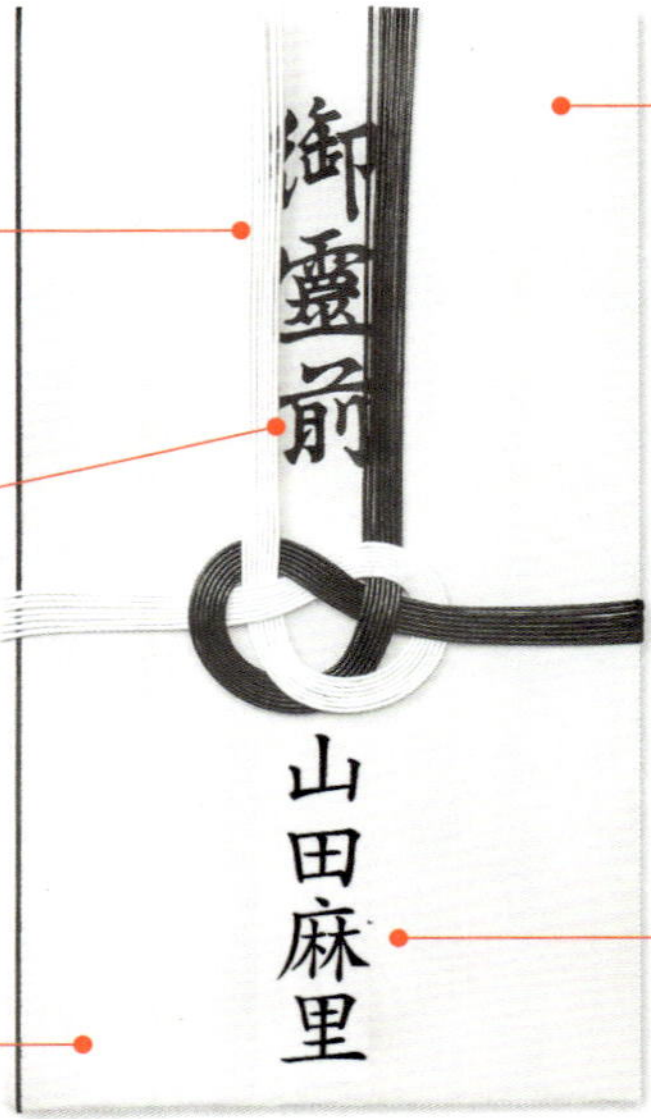

のしは不要。

黒白または双《そう》銀《ぎん》の水引の結び切り。

表書きは「御霊前」「御香典」「御《お》香料《こうりょう》」などとする。

水引の下の中央に贈り主の氏名を楷書《かいしょ》で書く（▶P12）。

仏式はハスの模様入りのものでもよい。

▶ 不祝儀袋の表書きは薄墨で書くのがマナー。市販の筆ペンも薄墨のものを選びましょう。

香典の表書きは宗教により異なる

故人の霊に手向《たむ》ける「香典《こうでん》」は、通夜か葬儀に持参します。表書きは喪家《そうか》（葬儀をあげる家）の宗教により変わるので注意が必要です。宗教がわからないときは、「御霊《ごれい》前《ぜん》」であれば、どの宗教にも使えるので間違いがありません。

霊前にそなえる供花《きょうか》や供物《くもつ》は、香典とは別に、近親者や故人と親しくつき合っていた人・会社・団体などが贈るものです。

合わせて確認！｜ふろしき・ふくさのルール▶P16

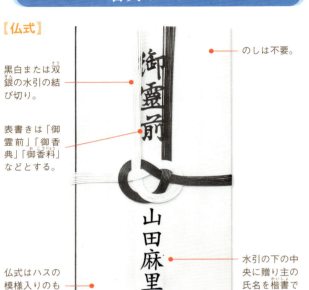

【キリスト教式】

百合の花や十字架のついた封筒。

水引やのしは不要。

▶ **表書きは「御花料」「御霊前」とし、氏名を記入します。カトリックなら「御ミサ料」、プロテスタントなら「忌慰料《きいりょう》」としてもかまいません。**

【神式】

黒白または双銀、双白《そうはく》の水引の結び切り。

のしは不要。

▶ **表書きは「御榊料《おさかきりょう》」「御玉串料《おたまぐしりょう》」「御神前」「御霊前」とし、氏名を記入します。**

お金の目安　香典の金額

お札は新札でもかいまいません。気になるなら、縦半分に折り目をつけます。

渡す相手	金額の目安
祖父母	1万円
両親	5万～10万円
きょうだい	5万円
おじ・おば	1万円
その他の親族	1万円
仕事関係	5,000円
友人・知人	5,000円
隣人・近所	5,000円

プラスの気配り　香典の贈り主は世帯主の名前で

香典は結婚式のご祝儀と違い、夫婦の連名書きはしません。家族の場合は世帯主の名前にします。妻が弔問《ちょうもん》する場合でも夫の名前にするのが一般的です。夫婦とも故人や遺族とごく親しい場合は、それぞれの名前で包むこともあります。

ちょこっとマナー　香典のお札は、新札でなくてもきれいなもののほうがよい。

供花・供物のマナー

これはタブー

キリスト教式での供物

キリスト教式の葬儀では、供花は贈ってもよいですが、供物を贈る風習はありません。

生ものの供物

仏式・神式とも肉類や魚介類など、生ものや殺生《せっしょう》を連想させるものは贈りません。

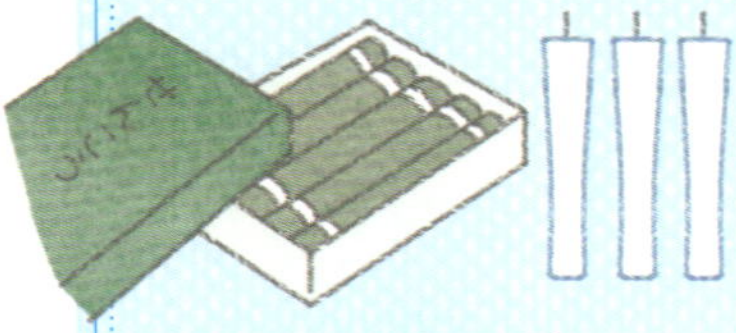

神式での線香やろうそくの供物

神式の葬儀では線香やろうそくを使いません。果物、菓子、酒などの供物が一般的です。

【供花】

- 菊、百合、カーネーションなど、おもに白い花をスタンドなどに立てて飾るもの。最近は色や花にこだわらず、故人が好きだった花をそなえることもある。
- スペースをとるものなので、贈る前に必ず喪家《そうか》と相談する。

【供物】

- 供物《くもつ》は祭壇《さいだん》にささげて弔意《ちょうい》を表す品物で、宗教により贈ってはいけない品がある。
- かけ紙をかけられる供物には弔事《ちょうじ》用ののしなしのかけ紙をかけ、水引は黒白の結び切りとする。

お金の目安

供花・供物の金額

供花	1万～5万円
供物（果物・菓子）	5,000～1万円
供物（線香、ろうそく）	3,000～5,000円

ちょこっとマナー 供物や供花を贈りたい場合は、喪家側に贈ってもよいか確認する。

こんなときは？
香典のQ&A

Q 通夜にも葬儀にも欠席する場合は？

A 通夜にも葬儀にも参列できない場合は、不祝儀袋に香典を入れ、現金書留用の封筒で郵送します。その際、参列できないお詫びとお悔やみの言葉を添えます。香典とは別に、弔電《ちょうでん》を打って哀悼《あいとう》の意を表することもあります。弔電は葬儀の前日までに、葬儀会場か自宅へ届くように手配します。

Q 香典を辞退すると言われたら？

A 最近では、事前に「香典《こうでん》を辞退します」「ご厚志《こうし》を辞退します」と断りを入れる葬儀もありますが、実際には受け取る例もあり、念のため香典を持参しておいたほうが安心です。「供花《きょうか》、供物辞退」と断りがあったときは、供花と供物は受け取らないという意味で、香典はその中に含まれていません。そのため、香典は贈ります。

Q 代理で参列するときの注意点は？

A 夫の代理は、夫の名前を記帳し、その下に小さく「内」と書きます。遺族と親しい場合は、内のあとに妻の名前のみ書いてもかまいません。家族以外の香典を預かっている場合は、自分の分の記帳をすませたあとに「預かって参りました」と伝え手渡します。その場合の記帳はケースバイケースなので、受付に確認を。

会葬する側

通夜・葬儀でのよそおい

重要 喪主より格上のよそおいをしない

注意 光りものや飾りものはNG

服装 小物まで黒で統一する

女性のよそおいのマナー

【和装】

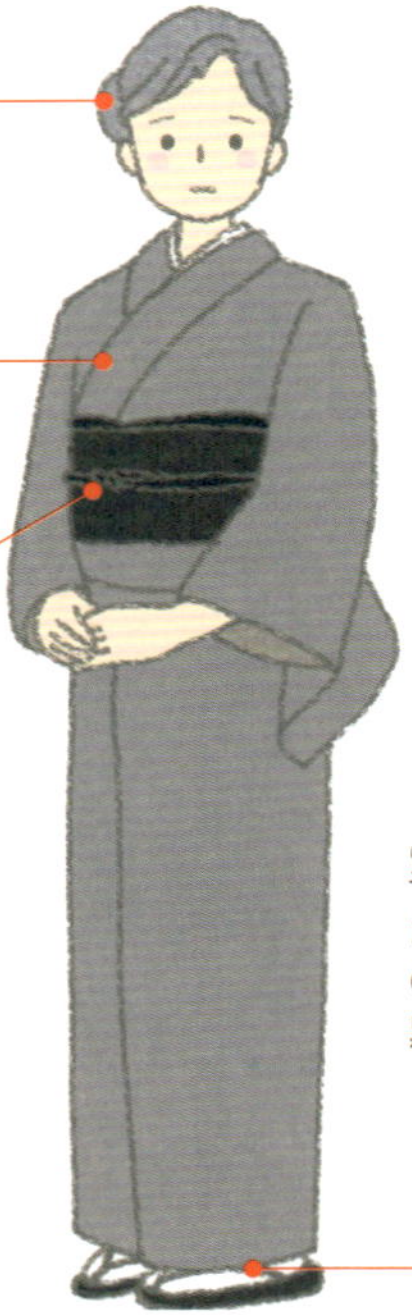

髪は後ろにひとつにまとめる。
冬は羽二重《はぶたえ》、夏は絽《ろ》などの素材。
帯は黒無地か、黒の紋織《もんおり》。流水、雲取りなどの地紋が入っていてもよい。
半襟《はんえり》と足袋《たび》は白だが、それ以外の小物はすべて黒に統一。

- 正礼装は黒無地染め抜きの五つ紋付で、喪主や親族が着用します。
- 一般の会葬者は喪主より格を高くしないのがマナーです。

会葬者は黒のフォーマルやブラックスーツが一般的

通夜や葬儀では、喪服または黒のフォーマルな服を着ます。女性はブラックフォーマルのアンサンブルが正礼装です。弔事《ちょうじ》用でなくても、地味で飾りのない黒のスーツならかまいません。和装は、ひとつ紋の地味な色無地に黒帯なら喪主《もしゅ》よりも格が下がります。男性の正礼装はモーニングコートですが、会葬者はブラックスーツが一般的。小物もすべて黒にします。

ちょこっとマナー　メイクは薄化粧で、派手な色の口紅などを避ける。

【洋装】

◆ ブラックフォーマル

アクセサリーは控えめに。つける場合は、一連パールのネックレスを。

スカートはひざ下丈で。肌の露出は控える。

足元は黒のストッキングに黒のパンプス。

◆ 黒のスーツ

インナーなどもできる限りダークな色のものに。

バッグと靴も黒。派手な飾りや殺《せっ》生《しょう》をイメージさせるは虫類の革製品は避ける。

▶ **夏場も半袖から肌を見せず、上着を羽織ります。**

▶ **ジャケットとセットになったスカートやパンツのスーツにします。**

これはタブー

派手なネイル

ネイルは落とすのが基本。ジェルネイルなどすぐに落とせないものは、黒レースの手袋を着用する配慮を。

金髪など明るい髪色

明るすぎる髪色は弔事の席では目立ちます。スプレーなどでよいので、一時的に黒くしましょう。

ちょこっとマナー 服や小物は黒であっても、光沢があったり、派手なデザインのものは避ける。

男性のよそおいのマナー

◆ ダークスーツ

ネクタイは黒または、地味な色のものに替える。

スーツはビジネス用でもよいが、ダークグレーや紺など、地味な色のものにする。

▶ 急いで駆けつけた弔問《ちょうもん》では、ダークなビジネススーツでかまいません。

シンプルなデザインの黒の革靴。靴下は黒で。

◆ ブラックスーツ

黒のネクタイ。ネクタイピンはつけない。

カフスをつけるなら、ブラックオニキスなど目立たないものを。

▶ ブラックスーツは弔事《ちょうじ》にも慶事《けいじ》にも使えるよそおいです。

プラスの気配り

派手なボタンはボタンカバーで隠す

礼服に派手なボタンがついている場合、黒のボタンカバーをつけると印象が大きく変わります。ボタンカバーは、インターネットなどでリーズナブルな価格で販売されています。

お金の目安

喪服のレンタル料金

最近では、喪服のレンタルもごく一般的に行われています。さまざまなサイズの大人用はもちろん、子ども用やマタニティ用もあります。靴やバッグなどがそろったフルセットもあります。

レンタルする衣装	金額の目安
男性用ブラックスーツ	5,000円〜
女性用アンサンブル	5,000円〜
子ども用喪服	4,000円〜

ちょこっとマナー　男性のシャツは、白無地のスーツ用のワイシャツを。色つきはNG。

こんなときは？

弔事の服装 Q&A

Q ハンカチも黒い色にするべき？

A 全身に気を配ったつもりでも、つい忘れがちなのがハンカチ。涙や手をふくなど意外に使用頻度が高いので、黒やダークカラーのものを用意します。

Q 真冬の参列、喪服では寒くない？

A 寒さが厳しい時季の屋外では、コートやストールを羽織ってかまいません。ただし、色は、黒やグレーなど地味なものを選ぶようにします。女性の場合、冬でも肌が透けて見える黒のストッキング着用が正式ですが、最近は30～40デニール程度であれば黒色のタイツも許容されています。

Q どんな靴を選べばいい？

A 靴は黒ならなんでもよいわけではありません。女性の場合、黒のシンプルなパンプスがベスト。光沢のあるエナメルや、殺生《せっしょう》を連想させるは虫類の革はNGです。また、ブーツやサンダル、ミュールもカジュアルな印象があるので、弔《ちょう》事《じ》にはふさわしくありません。

男性の場合もエナメル革や飾りの多い靴は避け、シンプルな黒の革靴にします。

会葬する側

通夜・葬儀に参列する

重要　受付ではお悔やみの言葉を述べる

注意　開始10分前までには到着する

重要　遺族の希望にはできる限り応える

静かに冥福を祈り、焼香や献花をする

通夜・葬儀には開始10分前までに会場に到着し、受付で香典を渡し、記帳をすませます。通夜も葬儀も式次第に沿って進んでいくので静かに故人の冥福《めいふく》を祈り、会場担当者の誘導に従って順に焼香《しょうこう》や献花を行います。

葬儀が終わったら、一般会葬者は出棺を見送ります。遺族から火葬への同席を頼まれたら、できる限り応じるようにしましょう。

受付のしかた

1

「このたびはご愁傷様です」など、お悔やみの言葉を述べ、受付係に一礼する。

2

ふくさから香典を取り出し、受付係に正面を向けて、「御《ご》霊前《れいぜん》におそなえください」と差し出す。

3

会葬者名簿に住所・氏名を記帳。「お参りさせていただきます」と会場へ向かう。

ちょこっとマナー　出棺の際、男性の列席者は手伝いを頼まれたら快諾する。

宗教別・葬儀の進行例

	仏式	神式	キリスト教式（カトリック）
葬儀	 参列者の着席 ▼ 僧侶の入堂 ▼ 開式の辞 ▼ 読経《どきょう》 ▼ 弔辞《ちょうじ》の拝受・弔電《ちょうでん》の紹介 ▼ 喪主《もしゅ》・近親者の焼香	 参列者の着席 ▼ 神官の入場 ▼ 開式の辞 ▼ 修祓《しょうばつ》の儀 ▼ 奉幣《ほうへい》・献饌《けんせん》 ▼ 祭詞《さいし》奏上《そうじょう》 ▼ 誄歌《るいか》奏楽《そうがく》 ▼ 弔辞の拝受・弔電の紹介 ▼ 喪主・近親者の玉串奉奠《たまぐしほうてん》	 参列者の着席 ▼ 開祭の儀 ▼ 聖書朗読 ▼ 司祭説教 ▼ 共同祈願 ▼ 感謝の典礼（ミサ）
告別式	一般会葬者の焼香 （▶P185） ▼ 僧侶退堂 ▼ 喪主のあいさつ ▼ 閉式の辞	一般会葬者の玉串奉奠 （▶P189） ▼ 神官退場 ▼ 閉式の辞	聖歌合唱 ▼ 故人の紹介 ▼ 告別の祈り ▼ 弔辞の拝受・弔電の紹介 ▼ 献花（▶P191）
出棺	出棺準備 ▼ 最後の対面 ▼ くぎ打ちの儀 ▼ 出棺	出棺準備 ▼ 最後の対面 ▼ くぎ打ちの儀 ▼ 出棺	出棺準備 ▼ 最後の対面 ▼ 出棺

これはタブー

知り合いとの立ち話

式場で知人に会っても、立ち話をせず目礼《もくれい》であいさつします。話がしたければ、出棺後に。

むやみに席を立つ

読経、祭詞奏上、聖書朗読など、故人に祈りをささげる儀式の間は席を立たず、静かに拝聴します。

ちょこっとマナー 仏式での出棺は合掌して見送る。数珠があれば手にかける。

こんなときは？

弔事の参列 Q&A

Q　弔電《ちょうでん》を打ちたいが、喪主名がわからない

A　故人のフルネームの後に「ご遺族様」「ご家族様」と書き加えて、喪主のかわりとすることができます。先方の自宅もしくは斎場《さいじょう》に、通夜か葬儀の前日に届くよう手配します。

Q　妊娠中の参列は控えたほうがいい？

A　地方によっては「妊婦の出席は縁起が悪い」と考える風習があったようです。しかし、今では迷信にこだわる人も少なくなってきました。安定期に入り、体調もいいようなら、参列もまったく問題ありません。ただし、葬儀は立ちっぱなしの時間があったり、会場によっては暑さ寒さが厳しいときもあります。体調に気を配り、無理をしないようにしましょう。

Q　手伝いを頼まれたら？

A　葬儀の前後、喪主や遺族はさまざまな対応に追われるため、細かな雑務をこなす余裕がありません。そこで、身内や親しい人に手伝いをお願いすることになります。遺族は故人の死去にともない心身をすり減らしていますので、頼まれたらできる限りお手伝いするようにしましょう。

女性は、黒か白のシンプルなエプロンを持参するとよいでしょう。

Q 子どもを参列させてもいい？

A 子どもを通しての知り合いや子どもがお世話になった人の葬儀であれば、いっしょに参列してもかまいません。

子どもに関係のない葬儀の場合は、子どもを連れていくのは遠慮します。

Q 通夜と葬儀はどちらに参列すべき？

A 通夜は本来、故人と親しい人、関わりが深かった人が弔問《ちょうもん》し、夜通しで故人をしのぶものでした。しかし現在では、一般の会葬者でも通夜に訪れる人が多くなっています。通夜と葬儀、都合のつくほうに参列すればよいでしょう。もちろん両方に参列してもかまいません。両方に参列する場合、香典《こうでん》はどちらか一方に持参します。

葬儀に参列した場合は、特別な事情がない限り、葬儀のあとに行われる告別式も参列するのが一般的です。告別式では出棺まで見送るのがマナーです。

Q 飲食の席に誘われたら？

A 通夜の後には、弔問のお礼や故人への供養として「通夜ぶるまい」と呼ばれる飲食の席が設けられます。また、葬儀が終わった後の「精進《しょうじん》落《お》とし」も、遺族が葬儀でお世話になった人に向けて用意する宴席です。

「通夜ぶるまい」や「精進落とし」に招待されたときは、故人への供養《くよう》になるのでできる限り参加します。こうした場で飲みすぎたり、騒いだりするのはもちろんNG。1〜2時間程度で食事をすませ、遺族にあいさつをして席を辞します。

会葬する側

拝礼の作法①【仏式の場合】

重要　焼香の作法はほかの参列者にならう

重要　焼香の最初と最後は遺影に敬意を払う

服装　数珠があれば持参する

焼香の回数や作法は周囲の様子を見て

仏式の通夜や葬儀では、「焼香《しょうこう》」と呼ばれる儀式が会葬者全員によりとり行われます。焼香は「抹香《まっこう》」と呼ばれるお香の粉を香炉の火にくべ、合掌して故人の冥福《めいふく》を祈るもの。抹香をくべる回数や作法は宗派により微妙に異なります。また、参列者が多い場合、くべる回数を減らすこともあるので、その時々の会場担当者の指示やほかの参列者の作法に従います。

数珠のマナー

合掌するとき

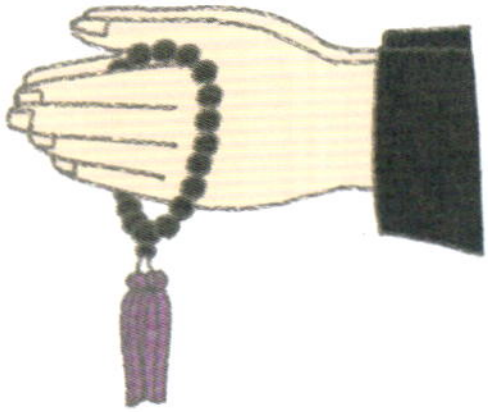

合掌するときは房を下にし、左手の親指と人差し指の間に数珠《じゅず》をかけ、両手を合わせます。

数珠カバーに入れて持参

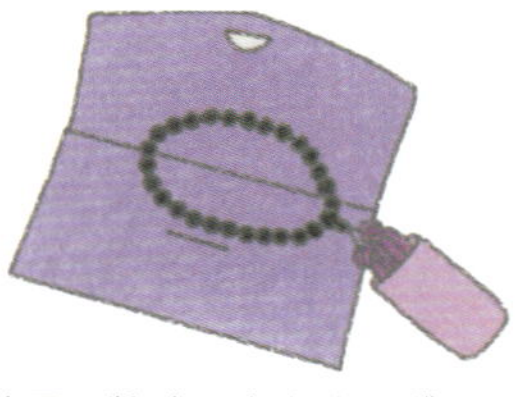

男性用の数珠は大きめのダークカラー、女性用は小ぶりで白やパステルカラーが多く見られます。長い数珠は二重にして使います。持ち歩く際は、カバーに入れて。

使わないとき

使用しないときは房を下にして左手に持ちます。一連の儀式が終わったら、カバーにしまいます。

ちょこっとマナー　仏教徒でなければ、数珠はなくてもよい。

立礼焼香の作法

1 遺族、僧侶に一礼してから祭壇《さいだん》の前に立つ。

2 遺影に向かい一礼する。

3 右手の親指、人差し指、中指で抹香をつまみ、目の高さまで持ち上げる。

4 抹香を香炉の上に静かに落とす。これを1～3回くり返す。

5 左手に数珠をかけて合掌し、故人の冥福を祈る。

6 数歩下がって遺族と僧侶に一礼し、席に戻る。

プラスの気配り

喪主・遺族の席は祭壇に向かって右側

仏式の葬儀の場合、喪主《もしゅ》や遺族は祭壇に向かって右側の前列に座り、その後ろに近親者が続くのが一般的です。左側には友人・知人や会社関係者が座ります。焼香に立つときは、まず右側の喪主・遺族に一礼してから拝礼をはじめます。

ちょこっとマナー　浄土真宗では、つまんだ抹香は、持ち上げずに香炉にくべる。

座礼焼香の作法

1 祭壇《さいだん》の座布団の手前に正座したら、遺族と僧侶に向けて手をついて一礼する。

2 祭壇へ向き直り、ひざを畳につけたまま座布団に座る。遺影に向かって合掌する。

3 右手の親指、人差し指、中指で抹香《まっこう》をつまむ。

4 抹香を目の高さまで持ち上げたら、香炉に静かに落とす。

5 左手に数珠《じゅず》をかけて合掌する。

6 ひざをつけたまま座布団からおり、遺族と僧侶に向いて一礼して席に戻る。

Point

正座でしびれを切らさないために

正座は1か所に体重がかからないように分散させるとしびれ防止に効果的。しびれたときはしびれた部分をマッサージし、何かにつかまって立ち上がると回復が早くなります。

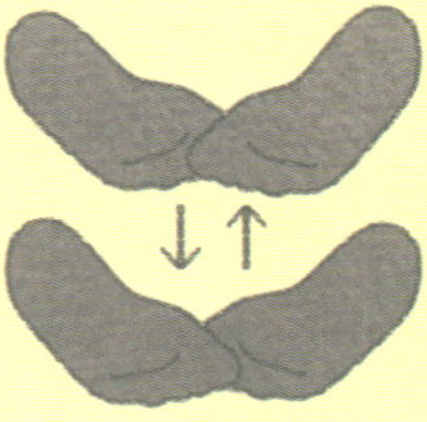

両足の親指を重ね、ときどき上下の位置を入れ替えるとしびれにくくなります。

合わせて確認! | 和室での基本の作法▶P110

回し焼香の作法

1 遺族と僧侶に一礼し、焼香の盆を自分の正面に置く。

2 遺影に向かい一礼する。

3 右手の親指、人差し指、中指で抹香をつまむ。

4 抹香を目の高さまで持ち上げ香炉に静かに落とし、合掌する。

5 焼香の盆に両手を添え、隣の人に渡す。

6 最後に祭壇に向かって合掌する。

Point

お清めの塩の使い方

会葬御礼《かいそうおれい》（返礼品）を受け取ると、中に「お清めの塩」が同封されていることがあります。塩を使うのは、自宅や会社に入る前やマイカーなどに乗る前。胸、背中、足などにパラパラと降りかけます。ただし、宗教や宗派によっては「死は穢《けが》れではない」と考えるため、葬儀後に必ず塩を渡されるわけではありません。

ちょこっとマナー 線香焼香では、線香についた火を消すときは息を吹きかけず手であおぐ。

会葬する側

拝礼の作法②「神式の場合」

重要 神道の作法はほかの参列者にならう
注意 拍手はしのび手で音を立てない
服装 喪服のマナーは仏式と同じ

玉串奉奠を行い故人の安霊を祈る

神式では、仏式の焼香《しょうこう》のかわりに、参列者一人ひとりによる「玉《たま》串《ぐし》奉《ほう》奠《てん》」が行われます。「玉串」は神道ではお祝いごとにも使われる大切な道具で、榊《さかき》の枝に「四手《しで》（紙垂）」と呼ばれる紙片がついたものです。玉串には神霊が宿っており、これをささげて祈ることで、祀《まつ》られる神に祈る人の想いが届くと考えられています。

また、神道では、儀式の前に必ず口をすすいで、汚《けが》れをはらう「手水《ちょうず》の儀」があります。最近では省略されることも多いのですが、式場に用意されていたら儀式の前に必ず行うようにします。

ほかにも、二拝二拍手一拝など、神道ならではの作法があります。先に行う神官や、ほかの参列者の動きなどを見て真似するとよいでしょう。

手水の儀の作法

1 ひしゃくに水をくみ、左右の手に交互に水をかける。

2 ひしゃくの水を一方の手に受けて、口に含み、口をすすぐ。

ちょこっとマナー 仏教徒であっても、神式の葬儀では数珠は使わない。

玉串奉奠の作法

1 祭壇《さいだん》の前に立ち、遺族と神官に一礼する。神官から玉串を受け取る。

2 玉串は右手で根元を握り、左手で葉先の下から支えるように持つ。玉串案（台）の前に進んで、深く一礼する。

3 玉串を時計回りに90度回転させる。左手を玉串の根元まで下ろし、右手で葉先の下を支える。

4 さらに時計回りに90度回転させる。

5 もう一度玉串を時計回りに90度回転させ、根元を祭壇に向け、玉串案にそなえる。

6 二拝二拍手一拝する。2～3歩下がり遺族と神官に一礼し、席に戻る。

Point

二拝二拍手一拝のしかた

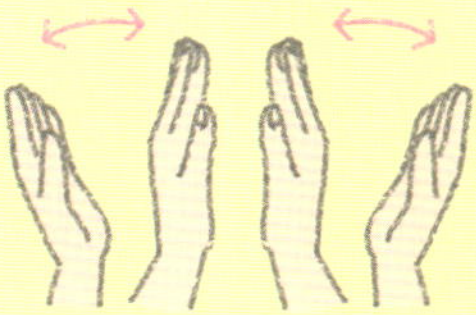

二拝二拍手一拝は神式の参拝の作法ですが、弔事《ちょうじ》では音を立てず手のひらを合わせる寸前で止める「しのび手」で拍手をします。玉串を置いたあと、祭壇に向かって2回深く頭を下げ、しのび手の拍手を2回し、最後に1度頭を下げます。

ちょこっとマナー　神官が祭詞を申し上げている間は、軽く頭を下げている。

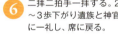

会葬する側

拝礼の作法③「キリスト教式の場合」

重要 献花のための花はていねいに扱う
注意 仏教用語が出ないようにする
服装 一般的な喪服で参列する

花を一輪ずつ手向け、天に祈りをささげる献花

キリスト教の葬儀では、カトリックでもプロテスタントでも「献花」があります。献花は仏式の焼香《しょうこう》にかわるものとして、日本だけで行われている習慣です。教派により葬儀の内容は変わりますが、献花の作法そのものはさほど変わりません。

葬儀の中で献花が始まったら、ひとりずつ祭壇の前へ進み、花を一輪手向《たむ》けて神に祈ります。

これはタブー

仏教用語

キリスト教の葬儀でとくに避けたいのは、「供養《くよう》」「冥福《めいふく》」「往生《おうじょう》」「極楽《ごくらく》」などの言葉。ただし、信者以外の人がキリスト教ならではの言葉を無理に使う必要はありません。

プラスの気配り

キリスト教では平穏を祈る言葉を使う

キリスト教では死は永遠の命のはじまりとされ、日本で一般的に使われているお悔やみの言葉がなじみません。遺族にお会いしたら、「御愁傷様《ごしゅうしょうさま》です」「お悔やみ申し上げます」ではなく、「やすらかな眠りをお祈りいたします」「お知らせいただき、ありがとうございます」と伝えましょう。

ちょこっとマナー 聖歌・賛美歌の斉唱は強制ではないが、なるべく参加を。

献花の作法

1 花を両手で受け取る。左手で茎を持ち、右手で花の部分を下から支え持つ。

2 祭壇《さいだん》の前に進み、遺族に一礼する。

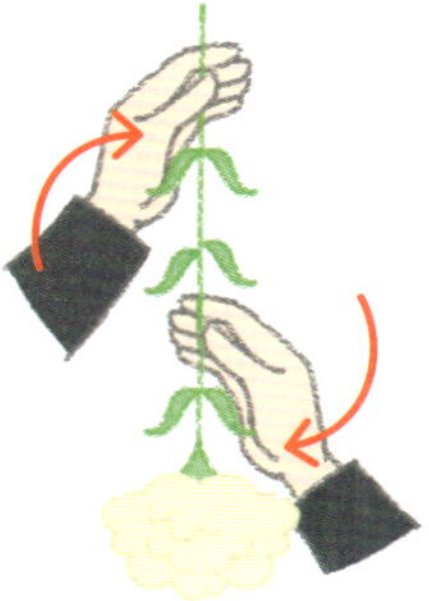

3 花を時計回りに90度回転させ、花の根元を祭壇に向ける。

4 献花台に花をていねいに置く。

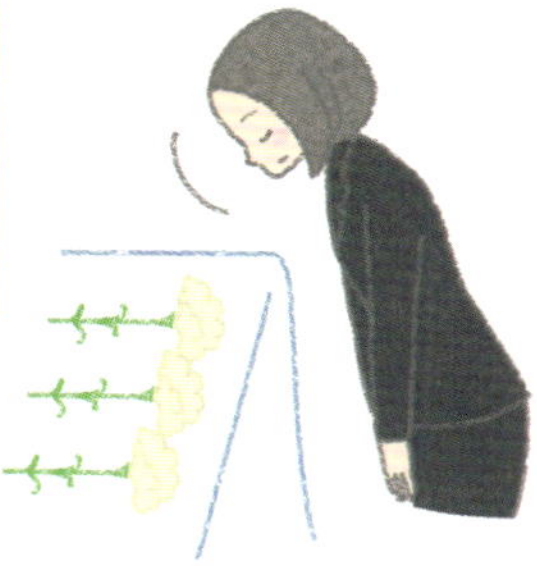

5 祭壇に向かい一礼する。

6 そのまま2～3歩下がり、遺族に一礼し席に戻る。

Point

キリスト教の信者でない人の参列

キリスト教では、お祈りの際、十字架を持ったり、十字を切ったりしますが、信者でない場合はそのようなふるまいは必要ありません。また、ベールをかぶるのは信者のみですので、信者でなければ一般的な弔事《ちょうじ》のよそおいでかまいません。

ちょこっとマナー　聖職者の呼び方はカトリック（神父）とプロテスタント（牧師）で違うため注意。

会葬する側

弔辞を依頼されたら

重要 依頼されたら快く引き受ける
注意 包み方は左右逆だと慶事になる
注意 使ってはいけない言葉に注意する

遺族の依頼を受けたら故人のためにも快諾する

告別式によっては省略されることも多いですが、生前の故人と親交が深かった人が弔辞《ちょうじ》を読むことがあります。遺族は適任と思う人に弔辞を依頼しますので、依頼を受けたら快く引き受けましょう。

弔辞はあらかじめ巻紙や奉書紙《ほうしょし》に薄墨で清書し、奉書紙に包んで持参します。葬儀では司会者に名前を呼ばれたら、遺族・僧侶、遺影へ一礼し、弔辞を開いて読み上げます。終わったら、弔辞をたたんで包み直し、祭壇《さいだん》に向けてそなえます。

弔辞のスピーチは3分間程度が目安なので、原稿にすると800～1000字程度です。あまり感情的にならず、一言ひと言ていねいに故人に語りかけるように読み上げます。

上包みをたたみ、その上に弔辞をのせて読みます。

弔辞の包み方

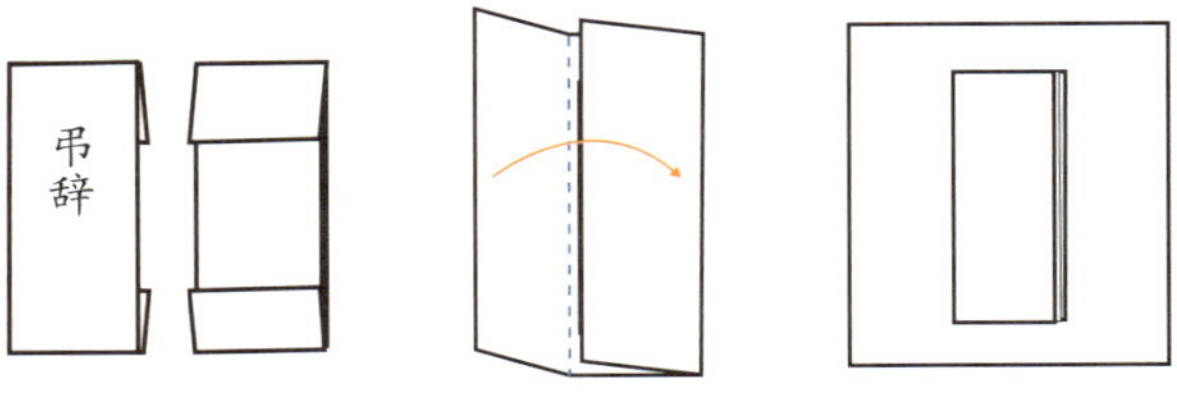

1 屏風状《びょうぶじょう》に折りたたんだ弔辞を、奉書紙の中央に置く。

2 奉書紙の右側を折り、その上に左側を折って重ねる。

3 上下を裏側に折る。「弔辞」と表書きをする。

ちょこっとマナー 弔辞を包むとき左右逆になると慶事の包みになるので注意。

弔辞のスピーチ例

最初に哀悼《あいとう》の意を伝える。

故人との関係や思い出を語る。故人を誉めるエピソードも絡めて。

故人を失った悲しみを切々と述べる。

坂口悠子さんの御霊前に、謹んで哀悼の辞をささげます。

悠子とのつき合いは、中学時代にさかのぼります。吹奏楽部で私がホルン、悠子はクラリネットを担当して、毎日放課後に一生懸命練習をしました。練習が終わった帰り道、いろんな話をしながら帰りましたね。ときには口げんかになったこともありましたが、いつのまにか仲直りして、中学を卒業してからもいちばんの親友でした。

お互いの結婚式にも招待し合って、お互いにスピーチもして、子どもが生まれたらいっしょに遊びに行き、家族ぐるみのつき合いもしましたね。つらいときや苦しいときもありましたが、悠子はいつも前向きで、物事をよいほうにとらえていましたね。そんな悠子を私はとても尊敬していました。

2年前、悠子が病と聞いたとき、私は目の前が真っ暗になりました。これからも悠子といっしょに年齢を重ねて、変わらずに過ごせると信じて疑わなかったからです。でも、あなたは果敢に病気と闘い続けましたね。

今、あなたの安らかなお顔を見て、「本当にお疲れさま」と伝えたいです。悠子がこの世にいないなんてまだ信じられないのですが、いっしょに笑って泣いたたくさんの思い出は、私の中に永遠に生き続けています。

悠子、本当にありがとう。どうか安らかにお眠りください。

締めの言葉。故人への感謝と、冥福《めいふく》を祈る気持ちを述べる。「ご冥福をお祈りします」は仏式の言葉なので、神式なら「祖霊《それい》のもとへお帰りになりました」、キリスト教式なら「神の御許《みもと》へ召されました」とする。

これはタブー

忌み言葉

忌《い》み言葉とは、その場で使ってはいけない縁起が悪いとされる言葉です。弔辞だけでなく、遺族などとの会話でも使わないように注意しましょう。不適切な言葉は言い換えも必要です。

一般的な忌み言葉	
重ね言葉	重ね重ね、またまた、返す返す、重々
不幸が続くことをイメージさせる言葉	再び、また、続いて、重ねて、追って
死去・死亡・死ぬ	ご逝去《せいきょ》、ご永眠
ご存命	ご生前
生きていたころ	お元気だったころ

ちょこっとマナー 略式の弔辞で、便せんと封筒を使う場合、封筒は二重ではなく一重のものを使う。

会葬する側

法要に招かれたら

重要 招かれたらできる限り出席する

重要 欠席の場合は前日までに供物を贈る

服装 三回忌までは喪服。以降は地味な平服

現金か供物を持参し、仏前にそなえる

法要は葬儀を終えた後、節目ごとに近親者や親しい知人・友人を招いて故人をしのぶ行事です。仏式なら四十九日、一周忌、三回忌を特別な法要と考え、僧侶を呼んで読経《どきょう》してもらう人が多いようです。神式では式年祭、カトリックでは追悼ミサ、プロテスタントでは記念式といいます。法要に招かれたら、不祝儀袋に包んだ現金（供物《くもつ》料）か供物を持参します。

法要のマナー

◆出欠は早めに連絡する

出席できない場合は、まずおわびの電話を入れ、欠席を知らせます。供物または供物料は、法要前日までに届くように送ります。

◆三回忌までは喪服で

三回忌までは喪服を着用し、近親者の場合は家族全員で出席します。それ以降の法要は地味な平服でかまいません。

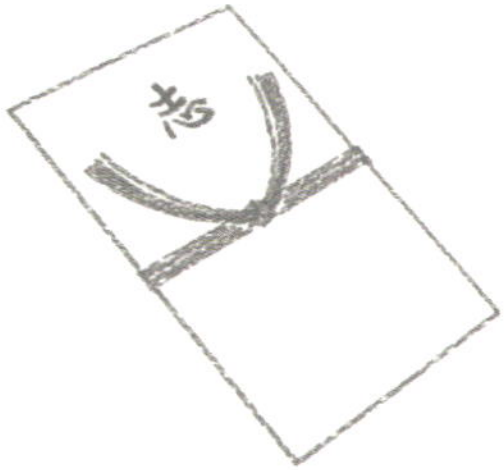

◆会費制の場合は供物料は不要

最近では法要の替わりに「しのぶ会」などを催すケースが増えています。会費制なら供物料は不要です。会費制でなければ宗教に関係なく使える「志」の表書きで現金を持参します。

ちょこっとマナー 施主が忙しく大変そうなら、こちらから声をかけて手伝う。

宗教別のおもな法要

	仏式	神式	キリスト教式（カトリック）

おもな法要	● **四十九日**（満中陰《まんちゅういん》）…亡くなった日から49日後に行う忌明けの法要。同時に納骨を行うこともある。 ● **一周忌**…亡くなった日から1年後の法要。 ● **三回忌**…２年後の法要。以後、七回忌、十三回忌、十七回忌、二十三回忌、二十七回忌と営み、三十三回忌をもって「弔い上げ」とすることが多い。	● **五十日祭**…亡くなった日から50日後に神官を招いてとり行い、忌明けとする。 ● **百日祭**…亡くなった日から100日目の霊祭。 ● **一年祭**…1年後の霊祭。以後、三年祭、五年祭、十年祭と続き、その後は10年ごとに五十年祭まで行う。	カトリック ● **追悼ミサ**…亡くなった日から3日目、7日目、30日目などに行う。以後、毎年の命日にミサを行うこともある。 プロテスタント ● **召天記念日**…亡くなった日から1か月後。 ● **記念式**…1年後の法要。以後、とくに決まりはない。
不祝儀袋と金額	● 黒白か双銀《そうぎん》の結び切りに「御佛前《おぶつぜん》」「御供物料《おくもつりょう》」と表書きをする。 ● 金額は香典の５～７割が目安。	● 黒白か双銀の結び切りに「御玉串料」「御供物料」「御神饌料《おしんせんりょう》」と表書きをする。 ● 神社によっては紅白の結び切りを使うケースもある。 ● 金額は玉串料の５～７割が目安。	● 十字架や百合の花が描かれた封筒や白封筒に、「御ミサ料」（カトリックの場合のみ）、「御花料」と表書きをする。 ● 現金を贈るのは食事のもてなしがある場合のみでよい。
供物の内容	● 菓子、果物、線香、ろうそく、故人が好んだものなど。 ● かけ紙は、黒白か双銀の結び切りで、「御佛前」「御供物料」と表書きをする。	● 菓子、酒、故人が好んだものなど。 ● かけ紙は、黒白か双銀の結び切りで、「御玉串料」「御神饌料」と表書きをする。 ● 神社によっては紅白の結び切りを使うケースもある。	● 生花のみ。

ちょこっとマナー　とくに法要の連絡がない場合でも問い合わせたりはしない。近親者でも遠慮する。

喪家側

身内に不幸が起きたら

重要 悲しみを抑え、すぐに近親者に連絡

重要 まずは葬儀日程を決める

注意 葬儀業者は複数社に相見積りをとる

ただちに近親者に知らせ、葬儀に向けて準備する

身内の不幸は深い悲しみをともないますが、臨終《りんじゅう》の直後から遺族は葬儀に向けて準備をしなくてはなりません。一連の弔《とむら》いの行事には故人の霊をなぐさめる以外に、遺族の悲しみをやわらげ、故人の死を世間に知らせる役割があります。大変あわただしい日々が続き、遺族にとっては心身の負担が大きいため、親しい人に世話役を頼めると安心です。

Point

危篤や臨終の知らせは時間にかかわらず電話で

一刻を争うことなので、早朝や深夜に電話をしても失礼に当たりません。「早朝に失礼いたします。〇〇が先ほど亡くなりました」と手みじかに伝え、危篤《きとく》なら病院の場所や部屋番号を、訃報なら通夜・葬儀の場所と日時を伝えます。

葬儀業者を選ぶチェックポイント

◆相見積りをとり、親族と相談して決定を

病院で業者を紹介されることもありますが、断っても問題ありません。複数の業者に見積りをとり、それぞれ比較して選びましょう。

- □ 遺族の話を親身になって聞いてくれるか。
- □ 接客や応対がていねいか。
- □ 説明がわかりやすいか。よくわからない点はないか。
- □ 見積りの内容が明確か。よくわからない費用はないか。
- □ 質問にはっきり答えてくれるか。

ちょこっとマナー 訃報の連絡は、故人と関係が深い人からとるようにする。

臨終から通夜までの段取り

臨終

- 「末期《まつご》の水」をとる。
- 湯灌《ゆかん》（ふき清め）をする。病院なら看護師が、自宅なら葬儀業者が行うのが一般的。
- 医師に死亡診断書を用意してもらう。
- 近親者、知人・友人へ連絡する。関係によっては、葬儀の日程が決まってからでもよい。
- 菩提寺《ぼだいじ》・神社・教会へ連絡する。

末期の水のとり方

湯のみ茶碗に水を用意し、綿棒や新しい筆などに水を含ませ、故人の唇をうるおします。「死後の世界で、のどが渇かないように」という願いをこめた儀式で、血縁の濃い順に行います。

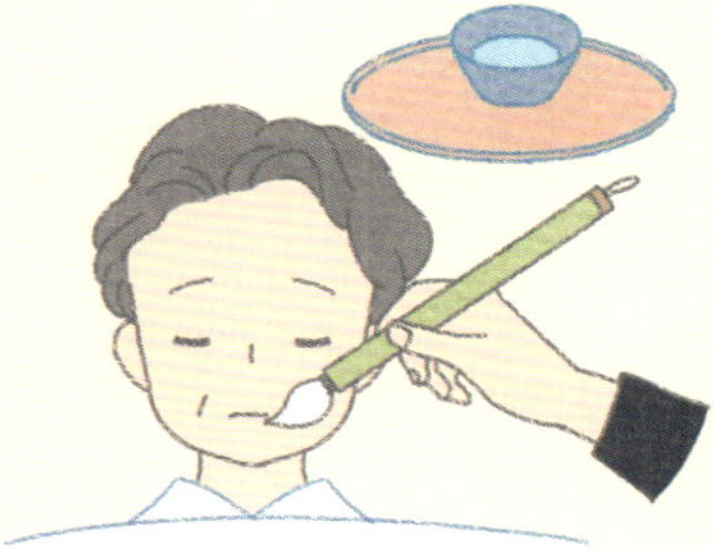

葬儀の準備

- 葬儀業者を決定する。
- 喪主《もしゅ》を決める。
- 葬儀の日程を決める。
- 遺影写真を決める。
- 喪服を準備する。

遺体の安置

- 病院で亡くなった場合は、葬儀業者に依頼し、遺体を自宅や斎場《さいじょう》へ搬送する。
- 男性はひげを剃り、女性は薄化粧を施す。
- 死装束《しにしょうぞく》を着せる。仏式の場合、白いさらしの経帷子《きょうかたびら》と呼ばれる着物が伝統だったが、最近では浴衣や故人が好んだ衣装にする場合もある。
- 頭を北側にする「北枕」で安置し、上下とも薄い布団を用いる。顔に白い布をかける。
- 枕飾りを用意する。

枕飾りの用意

● 仏式

白い布をかけた経机《きょうつくえ》に、三具足《さんぐそく》（香炉《こうろ》、燭台《しょくだい》、花立て）を置く。花立てには一輪の白菊などを生ける。整えた後、僧侶に読経《どっきょう》を依頼する。

● 神式

白い布をかけた案に榊《さかき》と燭台を飾る。塩、洗ったお米、水、お神酒《みき》などをそなえる。

● キリスト教式

白い布をかけたテーブルに十字架、燭台、故人の聖書、生花などを飾る。

納棺

- 通夜の前に故人を棺に納める。葬儀業者が行う場合もあれば、遺族が行う場合もある。

ちょこっとマナー 頼めることは身内や葬儀業者に頼み、遺族はできる限り故人につき添う。

喪家側

通夜・葬儀をとり行う

重要 各種届け出を忘れないように
注意 故人の預貯金は凍結前に確認する
お金 宗教者へのお礼を用意しておく

儀式の進行は業者に任せ、弔問客や費用へ心配りを

最近の通夜は、午後6～7時ごろから1時間程度弔問客《ちょうもん》を迎えて行い、その後は「通夜ぶるまい」という宴席を用意します。

葬儀は通夜の翌日に同じ会場でとり行い、進行は通夜とほぼ同じです。ただし、葬儀の最後に「出棺」があり、遺体を火葬場へと搬送します。火葬の後は参列者が「拾骨《しゅうこつ》（骨あげ）」を行い、遺骨は納骨まで自宅の祭壇《さいだん》に安置します。通夜・葬式の準備とともに進めなければならないのが、役所への死亡の届け出と葬儀に関わる費用の準備です。

Point

葬儀費用は事前に準備を

死亡届を提出すると、故人の預貯金は一時凍結されます。引き出せるのは遺産相続が確定した後か、法定相続人全員が署名・押印した書類を提出したとき。葬儀費用などを故人の預貯金から支払えなくなるので、必要なら事前に準備しておきます。

死去・火葬に関する届け出

1. 病院に「死亡診断書」を発行してもらう。
2. 役所へ「死亡届」と「死亡診断書」を提出し、「火葬許可証」を受け取る。
3. 火葬場に「火葬許可証」を提出し、証明印をもらう。
4. 納骨の際、「火葬許可証」を墓地管理者に提出する。

ちょこっとマナー 特定の会葬者と話し込まず、あいさつは簡潔にする。

お金の目安　葬儀にかかる費用

地方の風習や故人をめぐる環境にもよりますが、葬儀にかける費用は年々下がる傾向にあります。遺族による密葬ですませるなど小規模な葬儀も増えており、格安で行う葬儀業者も多く登場しています。

支払い項目	平均金額
葬儀一式 （会場使用料、火葬料、装具一式、車両費、供花代など）	126.7万円
飲食接待	45.5万円
宗教者へのお礼	51.4万円
総額	199．9万円

（財）日本消費者協会「第9回葬儀についてのアンケート」（2010年調査）より

宗教者や関係者へのお礼

	表書き	金額の目安	渡すタイミング
仏式	❶戒名料《かいみょうりょう》や読経料《どきょうりょう》など、一連のおつとめのお礼は「御布施《おふせ》」。 ❷通夜ぶるまいに僧侶が出席しない場合は、「御膳料《おぜんりょう》」を渡す。 ❸式場や自宅に出向いてもらったときは、「御車代」を渡す。 ※いずれも白い封筒に表書きをする。	❶寺院に問い合わせてみる。 ❷❸ 5,000～1万円。	❶❷❸ 通夜の後。
神式	❶神社へのお礼は「御祭祀料《おさいしりょう》」。 ❷式場や自宅に出向いてもらったときは、「御車代」を渡す。 ※いずれも白い封筒に表書きをする。	❶神社に問い合わせてみる。 ❷5,000～1万円。	❶❷ 葬儀の当日または翌日。
キリスト教式	❶教会へのお礼は「献金」とする。 ❷聖職者やオルガニストへのお礼は「御礼」とする。 ※いずれも白い封筒に表書きをする。	❶教会に相談する。 ❷5万～20万円。	❶❷ 葬儀の翌日。
スタッフ	❶葬儀の手伝いをお願いした人。 ❷霊柩車《れいきゅうしゃ》・マイクロバスの運転手。 ❸火葬員へのお礼。 ※いずれも白い封筒に「御礼」と表書きをする。	❶❷❸ 3,000円前後。 ※受け取らない規則を定めた公営の火葬場もある。	❶葬儀の後。 ❷送迎の前後。 ❸火葬場に到着した後。

ちょこっとマナー　会葬せず弔電・供花・供物を贈ってくれた人にはお礼状を出す。

喪家側

法要を行う

重要 忌明けの法要で香典返しを贈る

期間 法要の案内は1か月前までに

注意 法要では会食の席を設ける

節目ごとに法要を行い、家族の死を受け入れていく

仏式では亡くなった日から7日おきに法要を、神式では10日おきに霊祭《れいさい》を行います。仏式の場合、とくに重要視されているのが初《しょ》七日《なぬか》と四十九日《しじゅうくにち》。初七日は遠方からの出席者に配慮して葬儀当日に行うことが多いですが、四十九日は近親者や僧侶を呼び、法要を行うのが一般的。一周忌や三回忌も同様で、いずれも法要後には会食の席を設けます。

香典返しのマナー

忌明けに合わせて香典返しを贈る

葬儀で受け取った香典には、香典返しを用意します。香典返しの内容は香典の半額程度のもので、最近ではブランドタオルや寝具、カタログギフトなどがよく選ばれるようです。贈る時期は、仏式なら四十九日、神式なら五十日の忌《き》明《あ》けのタイミングで。礼状も忘れずに同封します。

【キリスト教式】

神式と同様が多い。カトリックは「昇天記念」、プロテスタントは「召天記念」と表書きすることも。

【神式】

黒白または双銀《そうぎん》の結び切りの水引を印刷したかけ紙に、「志」「しのび草」「偲《しのび》草」などと表書きする。

【仏式】

黒白の結び切りの水引を印刷したかけ紙に、「志」「忌明志《きあけこころざし》」などと表書きする。関西では黄白の水引に「満中陰志《まんちゅういんし》」とするのが一般的。

合わせて確認! | 法要に招かれたら▶P194

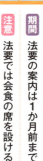

お金の目安 法要にかかる費用

法要は自宅・菩提寺《ぼだいじ》・斎場《さいじょう》などに僧侶・神官や列席者を招いて行います。法要後は仕出し弁当や、近くのホテル・レストランなどで会食を提供し、列席者に引き出物を持ち帰ってもらいます。宗教者が会食を辞退したときは「御膳料」、会場が遠い場合は「御車代」をそれぞれ渡します。

支払い項目	平均金額
会場使用料	会場による。自宅で行った場合はなし。
会食代（ひとりあたり）	5,000～1万円
引き出物（1個あたり）	2,000～5,000円
宗教者へのお礼	3万～5万円

法要のマナー

納骨の際は卒塔婆供養を行う

「卒塔婆《そとば》」とは、浄土真宗以外の仏式で使われる墓の後ろに立てる細長い木の板のことです。納骨の際に、施主や参列者が供養《くよう》のために立てる習慣があります。

あらかじめ檀家寺《だんかでら》に依頼しておくと、当日までに戒名や経文が書かれた卒塔婆を用意してくれます。

卒塔婆の費用は、お寺によって1本につき3,000 ～ 1万円程度。施主《せしゅ》は御布施《おふせ》とは別に、「御卒塔婆供養料」としてお金を包み、僧侶に渡します。

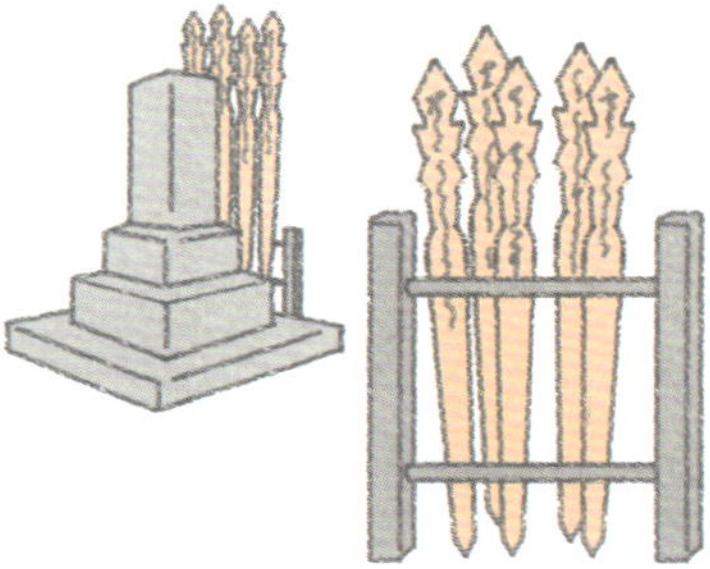

日程は年命日より前の休日に設定する

本来、法要は年命日に行うものですが、いまは近親者が出席しやすいように休日に開催するのが一般的です。日程をずらす場合も、必ず年命日より前に設定します。

菩提寺や神社と相談のうえ日程を決めたら、遅くとも1か月前には近親者などへ連絡します。

ちょこっとマナー　卒塔婆は誰でも立てることができるので、希望があれば施主が取りまとめる。

お墓参りのしかた

重要 お参りの前後には住職にあいさつする

重要 お墓が荒れないように手入れする

期間 できれば定期的に参るのが理想

お盆、お彼岸などに訪れてお参りする

お墓参りの時期にとくに決まりはありませんが、仏式の場合、お盆や春秋のお彼岸《ひがん》、故人の月命日などが一般的。帰省したときや、結婚など人生の大切な節目の報告などに訪れることもあります。

墓地ではまず清掃を行います。お墓をきれいにしたら、ひとりずつ墓石の前に屈み、お参りをします。このとき、故人の冥福を祈り、家族の無事を感謝します。

お墓参りのマナー

手桶《ておけ》、ひしゃくなどは借りることができるが、タワシ、布などのそうじ道具は持参する。

寺院の敷地にある墓地の場合、お墓参りの前後に住職にあいさつし、本堂のご本尊にもお参りする。

複数の墓石が並んでいる場合は、古い先祖からお参りする。

線香やろうそくに火をつけるため、マッチやライターを忘れずに。

ちょこっとマナー　お参りの順番は、故人と関係の深い人から行う。

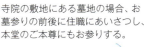

お墓参りの手順

1 墓地の雑草を抜き、落ち葉などを拾う。枯れた供花《きょうか》や線香の残骸などを掃除する。

2 墓石にひしゃくで何度も水をかけ、タワシで苔や汚れをこすり落とす。

3 さらに水をかけて、布できれいにふき取る。

4 仏式では持参した花を飾り、供物《くもつ》をそなえる。線香に火をつける。神式では2対の榊《さかき》を持参し、お墓に飾る。

5 仏式の場合は合掌。神式の場合は二拝二拍手一礼で、納骨がすんでいたら、音を立てて2回手を打つ。

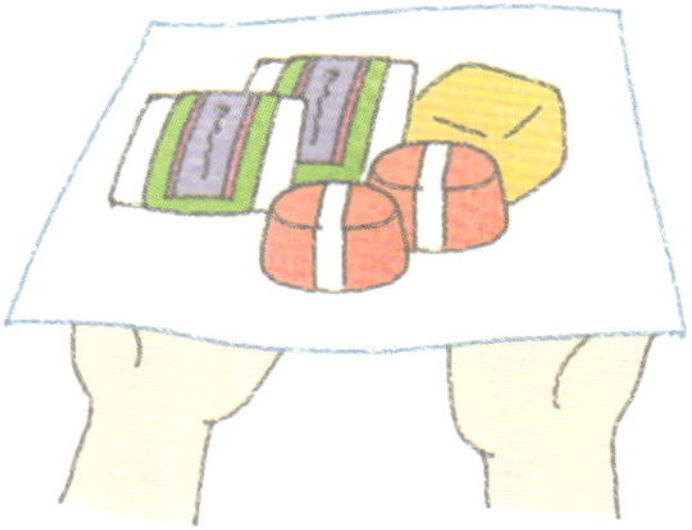

6 供物が食べ物の場合、鳥や動物に荒らされる可能性があるため、持ち帰る。

ちょこっとマナー 花は風で倒れないように、茎を短く切って飾る。

通勤電車での常識マナー

利用する人が多い通勤電車は、マナーの悪さも目につきやすいもの。乗り合わせた人を不快にさせないよう注意しましょう。

飲食は車内販売のある車両のみ

原則として、車内販売がない車両では飲食は避けたほうがよいと考えておきましょう。食べ物のにおいや食べこぼしを発生させること自体がマナー違反ですが、食べるという本能的な行為を公衆の面前で行うのは、品格が問われます。

電車でのメイクは避ける

「メイクは他人に迷惑はかけていない」という人もいますが、飲食と同じように、他人の目を気にしない自分本位の行為は、はたから見ていても不快に感じるものです。ちょっとしたメイク直しなら駅のお手洗いなどを利用して。

会話は声量に注意を

電車内では、普段よりも声量を落として話すようにしましょう。とくに複数人のグループが、いつもと同じように会話してしまうと、周囲の人には騒音にしか感じられません。はしゃいだり、大声で笑うことも注意しましょう。

せきやくしゃみはマスクで保護

せきやくしゃみがずっと出ているときは、マスクをしましょう。病気に感染する危険がない症状だとしても、そのことは他人にはわかりません。突発性のくしゃみなどの場合は、ハンカチや腕で押さえるようにします。

場所の確保はほどほどに

混雑した車内で、乗降する人がいても自分の立ち位置を変えなかったり、座席に荷物を置いたり、自分だけの場所を確保するのは迷惑なときも。ドアが開いたらドアの前から移動し、降りる人を優先してスムーズな乗降を心がけて。

7章

手紙・ネットのマナー

手紙やメールには基本の形式があり、それに沿って書くことで、ある程度失礼のないように仕上げることができます。その基本を覚え、プライベートやビジネスなどに活用しましょう。また、世界につながるインターネットの利用時のマナーを知っておきましょう。

手紙の基本スタイル

重要 改まった連絡は手紙を出すのがていねい

重要 手紙は決まったルールに沿って書く

注意 頭語と結語は対応したものを使う

基本の構成を覚えれば手紙はむずかしいものではない

便利で手軽なメールが普及し、手紙を書く機会は減ってきました。しかし、お祝い、お礼、お詫びなど改まった内容を伝えたいときは手紙のほうがていねいです。

手紙の書き方には、「最初に時候のあいさつを述べる」「頭語《とうご》と結《けつ》語《ご》はセットで使う」など決まった形があります。この形式に沿って書いていけばむずかしいものではありません。

頭語と結語の組み合わせ

手紙の種類	頭語	結語
一般的な手紙	拝啓《はいけい》、拝呈《はいてい》	敬具《けいぐ》、拝具《はいぐ》
ていねいな手紙	謹啓《きんけい》、粛啓《しゅくけい》	敬白《けいはく》、謹言《きんげん》、敬具
急ぎの手紙	急啓《きゅうけい》、急白《きゅうびゃく》	草々《そうそう》、不尽《ふじん》
前文省略の手紙	前略《ぜんりゃく》、略啓《りゃくけい》	草々、不乙《ふいつ》
一般的な返信	拝復《はいふく》、復啓《ふくけい》	敬具、拝白《はいはく》
ていねいな返信	謹復《きんぷく》、謹答《きんとう》	謹言、敬白

これはタブー

相手の名前が行末になる

相手の名前や「御社」など相手側のことが行末にくるのは避けます。自分の名前や「私・弊社」など自分側の言葉が行頭にあるのもタブーです。

名前や単語の行またがり

名前や敬称、単語が行をまたいでしまうのは失礼です。行の最後がギリギリにならないよう、文章のキリのいいところで改行します。

ちょこっとマナー 結語の「かしこ」は、女性ならどの頭語でも使える。

手紙の基本書式

前文

1 拝啓
2 年の瀬を迎え、なにかとお忙しい日々をお過ごしのことと存じます。
3 皆さまお変わりございませんでしょうか。日ごろはとかくご無沙汰しがちで、申し訳ございません。私どもはみな、おかげさまで元気に過ごしておりますので、ご安心ください。

主文

4 さて、日ごろのお心づくしへのお礼に、本日、お歳暮のしるしとして、伊勢谷デパートより心ばかりの品を送らせていただきました。ご笑味いただければ幸いでございます。

末文

5 向寒の折から、どうぞお体を大切に、よいお年を迎えられますようお祈り申し上げます。
まずは、書中にてごあいさつまで。
6 敬具

後づけ

7 十二月三日
8 山田麻里
9 金沢玲子様

1 頭語
書き出しは下げずにいちばん上から。

2 時候のあいさつ
改行して書き出しを1字分下げる。使う季節を間違わないこと。

3 気づかいのあいさつ
ご無沙汰を詫びるものや、お礼のあいさつでもよい。

4 本文
簡潔明瞭に用件を伝える。

5 結びのあいさつ
本文を締めくくる言葉を添える。

6 結語
行末を1字分上げた位置に書く。頭語に対応するものを使う。

7 日付
2～3文字分下げて、本文よりも少し小さめに書く。

8 差出人署名
最後を結語にそろえる。自分の氏名を書く。

9 宛名
1字分下げて書く。相手の氏名に敬称をつける。

ちょこっとマナー 筆記具のインクの色は黒、紺、青のみ。鉛筆で書くのは失礼になる。

手紙で使うあいさつの慣用句

重要 時候のあいさつは季節に合うものを

注意 前文と末文の内容は重複させない

注意 手紙にも使ってはいけない言葉がある

使いやすい時候のあいさつ

1月	初春の候 ／ 酷寒の候 ／ 寒冷の候 ／ 寒さ厳しき折
2月	残寒の候 ／ 向春《こうしゅん》の候 ／ 梅花の候 ／ 三寒四温の季節
3月	浅春《せんしゅん》の候 ／ 陽春の候 ／ 萌芽《ほうが》の候 ／ 春の風が心地よい季節
4月	花冷えの候 ／ 春暖の候 ／ 春たけなわ ／ 木々もすっかり芽吹き
5月	新緑の候 ／ 立夏の候 ／ 若葉が薫《かお》る頃となりました
6月	入梅《にゅうばい》の候 ／ 初夏の候 ／ 薄暑《はくしょ》のみぎり ／ 長雨の季節ですが
7月	梅雨明けの候 ／ 盛夏の候 ／ 大暑の候 ／ 暑さ厳しき折
8月	残暑の候 ／ 晩夏の候 ／ 向秋の候 ／ 暦の上では立秋ですが
9月	初秋の候 ／ 新涼の候 ／ 秋冷の候 ／ 灯火親しむこの頃
10月	清秋の候 ／ 秋麗《しゅうれい》の候 ／ 秋霜《しゅうそう》の候 ／ 朝夕はめっきり涼しくなり
11月	晩秋の候 ／ 暮秋《ぼしゅう》の候 ／ 霜寒《そうかん》の候 ／ 紅葉の季節を迎えましたが
12月	初冬の候 ／ 師走の候 ／ 歳晩の候 ／ 本年も押し詰まってまいりました

あいさつは必要なものをていねいに書く

頭語のあとにくる前文のあいさつや、結語の前に書く末文のあいさつには、よく使われる慣用句があります。季節のあいさつのほか、相手を気づかったり、感謝やお詫びを伝えたりするものです。

前文と末文のあいさつは、内容が重複しないようにします。あいさつは、すべて入れる必要はありません。本当に言いたいことを、ていねいに伝えることが大切です。

ちょこっとマナー 誤字・脱字のある手紙は不誠実な印象。必ず見直しを。

前文と末文の慣用句

【前文】

安否をたずねる
- 皆さまにはお変わりございませんでしょうか。
- ○○さまにはご健勝《けんしょう》のこととお喜び申し上げます。

安否を伝える
- おかげさまでこちらも元気に過ごしております。

感謝を伝える
- いつもお世話になりまして厚くお礼申し上げます。
- 日頃格別のご厚情を賜り、心より感謝いたしております。

お詫びを伝える
- 久しくご無沙汰いたしておりましたが何卒《なにとぞ》ご容赦ください。

【末文】

健康を祈る
- 暑さ（寒さ）厳しき折から、お元気でお過ごしください。
- 皆さまのご健康をお祈り申し上げます。

伝言を頼む
- 末筆ながらご一同様によろしくお伝えください。

今後を頼む
- なにぶんよろしくお願いいたします。
- 末長くお導きのほどお願い申し上げます。

返信を求める
- おそれ入りますがご返事のほどよろしくお願い申し上げます。
- お手数ながらご返事をいただければ幸いに存じます。

これはタブー

忌み言葉
特定の場面で使うのを避ける忌《い》み言葉は、手紙でも同様です。手紙を出す前に改めて確認しましょう。

● 結婚祝いの忌み言葉
去る／出る／戻る／帰る／追う／切れる／別れる／終わる／離れる／こわれる／破れる／返す／冷える／再度／たびたび／重ね重ね／かえすがえす／くれぐれも／近々／苦労／死／病気／うすい／浅い

● 新築・開店祝いの忌み言葉
倒れる／傾く／崩れる／つぶれる／こわれる／散る／飛ぶ／燃える／焼ける／流れる／失う／終わる／閉じる／枯れる

● お悔やみの忌み言葉
次々／続いて／引き続き／まだまだ／いよいよ／ときどき／しばしば／さらに／生きる／死亡／楽しい／うれしい

ちょこっとマナー　手紙は普段その人に話しかける言葉よりも、ワンランクていねいな言葉で。

こんなときは？ 手紙のマナー Q&A

Q 縦書きと横書きどちらにする？

A 一般には横書きの手紙はカジュアルな印象になります。目上の人や改まった手紙の場合は縦書きがよいでしょう。どちらにしても、ていねいに書くことがいちばん重要です。

Q パソコンで書いてもよい手紙は？

A ビジネスに関わる手紙はパソコンを使うことも多いでしょう。会社や部署名義のものならパソコンでもかまいませんが、個人的な依頼やお礼、謝罪などは手書きのほうが誠意が伝わります。個人的な手紙をワープロで書く場合は、手書きのサインを添えましょう。

Q 書き間違えは修正液を使ってOK？

A 基本的には書き直すのがマナーです。ただし、相手が気心の知れた人でカジュアルな内容の手紙であれば、許される範囲のことも。ただ、何か所も修正液で消している状態は避けましょう。宛名や相手の名前などを書き損じた場合は、必ず書き直します。

Q お金を同封して手紙を送りたい!

A 通常の封筒にお金を入れて郵送することは郵便法違反となります。現金を送りたいときは現金書留用の封筒を郵便局で購入し、それを使って送りましょう。現金書留に手紙を同封することは問題ありません。

Q 一筆せんはどんなときに使うの?

A 一筆《いっぴつ》せんは5~6行の文章が書ける短冊形の便せんです。手紙というよりは、メッセージ的なものを書くのに適しています。書類を送るときのあいさつや借りものを返すときのお礼など、ものをやりとりする際の添え状として便利です。手紙として送りたいなら普通の便せんを使いましょう。また、目上の方へのお礼などにも一筆せんは避けます。

【一筆せんを使うときのマナー】

使い方の基本

- 頭語・結語は使わない。
- 最初に相手の名前、最後に自分の名前を書く。
- 余白を持たせて、簡潔に書く。
- 封筒には入れても入れなくてもよい。

OK 使ってよいとき

- 友人や家族などへの贈り物をするとき。
- 友人などに借りていたものを返すとき。
- 仕事で資料を送るとき。
- 付せんやメモ帳の替わりに。

NG 使えないとき

- 長文の手紙の替わり。
- 目上の方へのお礼状。

Q 寒中・暑中見舞いはいつ出すもの?

A 寒中見舞いは、1月初旬の小寒《しょうかん》から2月の立春《りっしゅん》のころまでに出します。立春を過ぎたら「余寒《よかん》見舞い」とします。暑中見舞いは、7月中旬ごろから立秋《りっしゅう》までに出します。立秋を過ぎたら「残暑見舞い」となり、残暑見舞いは8月中に届くようにします。

季節のあいさつ状は、相手の体調を気づかい、自分の近況を伝えるものです。冒頭に「寒中お見舞い申し上げます」など、あいさつの言葉を大きめに書きます。近況を報告し、相手への気づかいの言葉で結びます。

宛名書きをきれいに書くコツ

重要 バランスよくていねいに書く

重要 書く順番を意識すると書きやすい

注意 氏名の下につく敬称は正しく使う

はがきの宛名

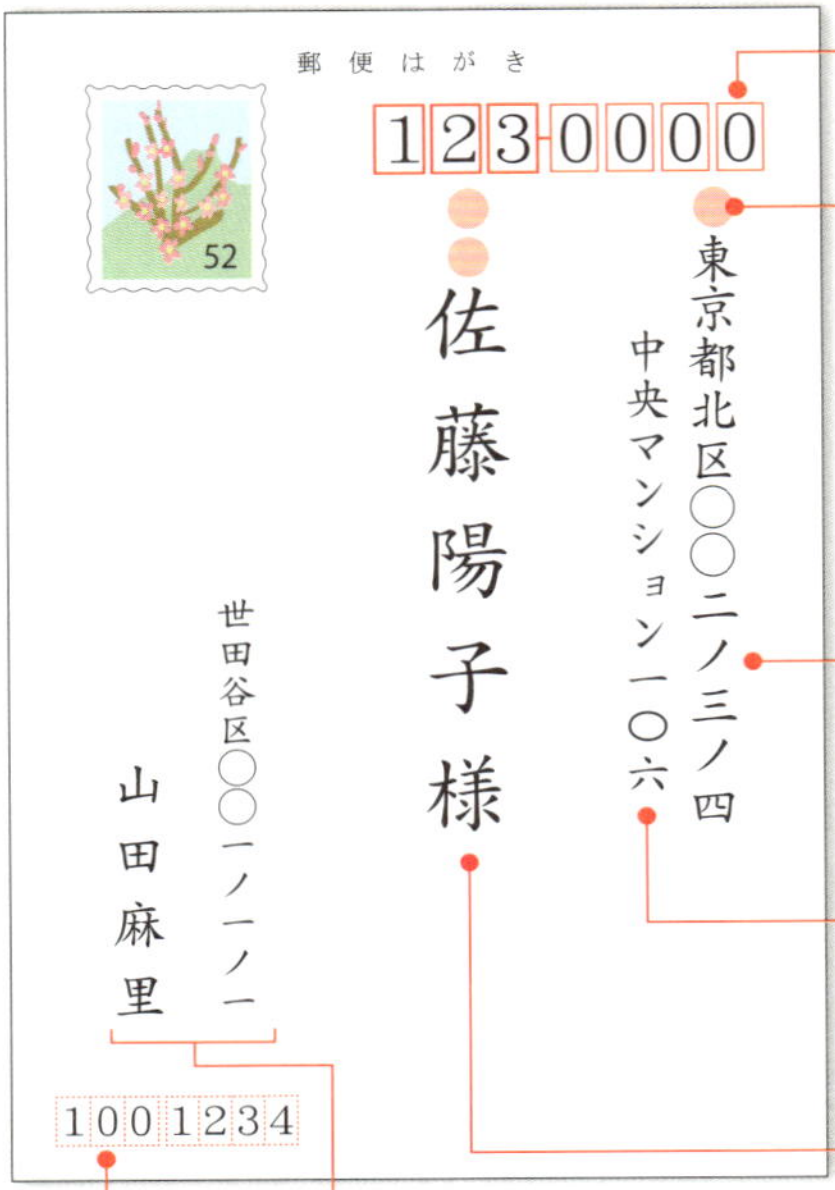

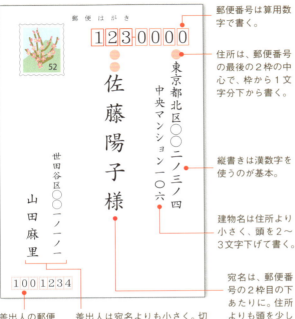

郵便番号は算用数字で書く。

住所は、郵便番号の最後の２枠の中心で、枠から１文字分下から書く。

縦書きは漢数字を使うのが基本。

建物名は住所より小さく、頭を２〜３文字下げて書く。

宛名は、郵便番号の２枠目の下あたりに。住所よりも頭を少し下げて、大きく書く。

差出人は宛名よりも小さく。切手の幅または下の郵便番号枠の幅に収め、下をそろえる。

差出人の郵便番号を算用数字で書く。

手書きが苦手でもていねいに書くことが大切

宛名がきれいに見えるコツは、文字の大きさと配置です。いちばん大きく書くのは相手の氏名です。はがきや封筒の中央に書きます。相手の氏名、相手の住所、差出人の氏名、差出人の住所の順に書くと、配置のバランスが取りやすくなります。宛名は郵便物がきちんと届くために必要なものです。文字を崩さずに、楷書《かいしょ》でていねいに書くようにしましょう。

ちょこっとマナー　個人名をつけず会社宛てへ送る際の敬称は「御中」とする。

和封筒の宛名

【表面】【裏面】

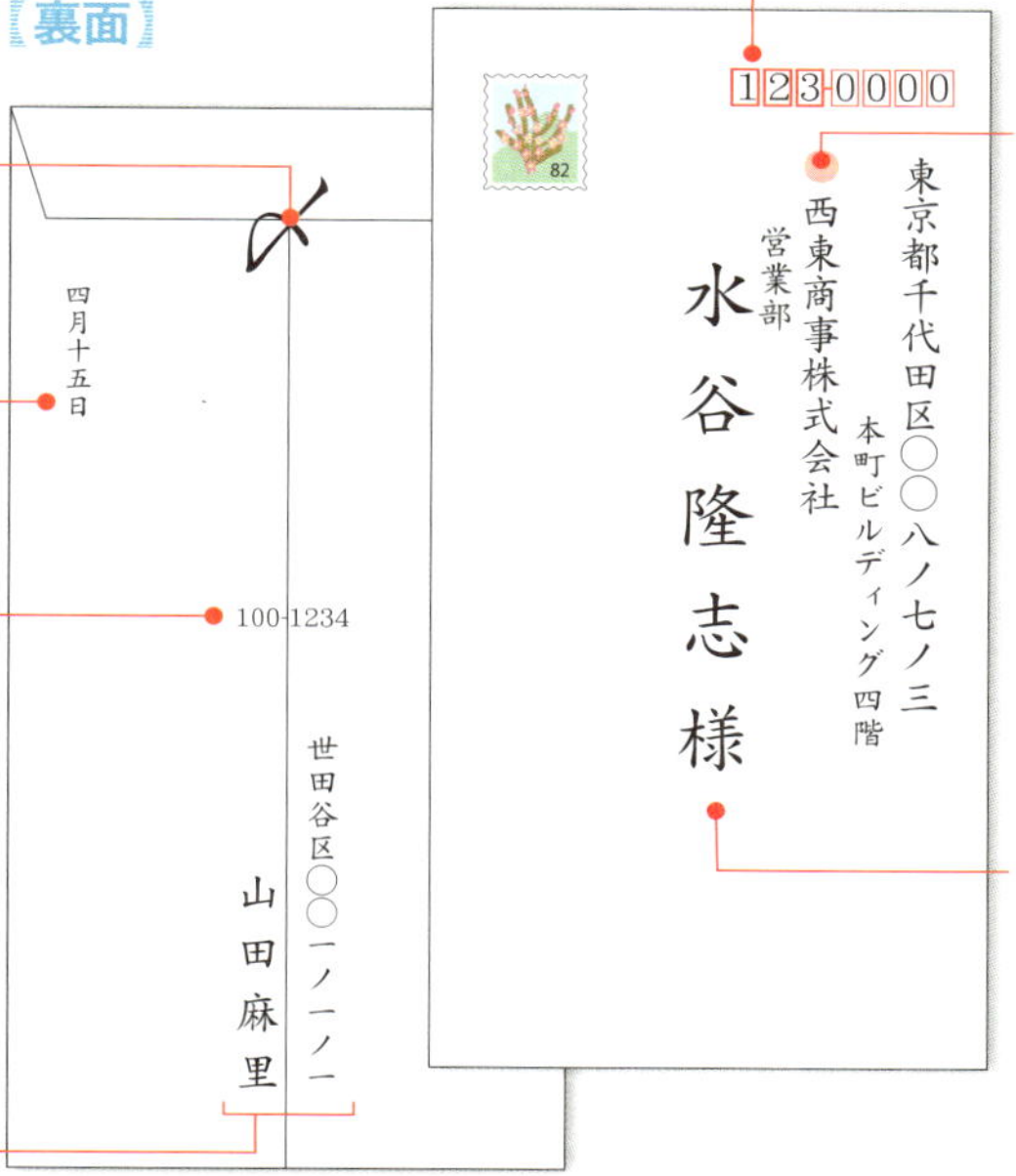

郵便番号は和封筒も算用数字で。

社名・部署名などは、住所よりも頭を下げる。

宛名は封筒の中央に、住所よりも頭を下げて大きめに書く。

のりで封をし、「〆（しめ）」「封」などの封字を書く。

左上に、投函日を小さめに書く。

郵便番号は横書きで算用数字で書く。

差出人は中央に書く。下はそろえる。

これはタブー

封字にバツ

「〆（しめ）」は文字のひとつです。バツではありません。

連名に「様」がひとつ

宛名が連名になる場合はそれぞれに敬称をつけます。

二重敬称

「△△会社御中　○○様」「□□先生様」などは二重敬称です。

ちょこっとマナー　結婚祝いの封字は「寿」に。そのほかのお祝いは「〆」か「賀」にする。

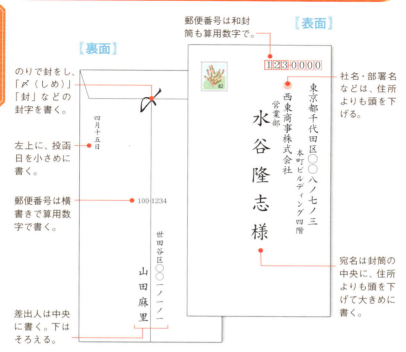

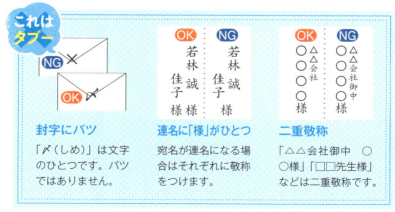

洋封筒の宛名

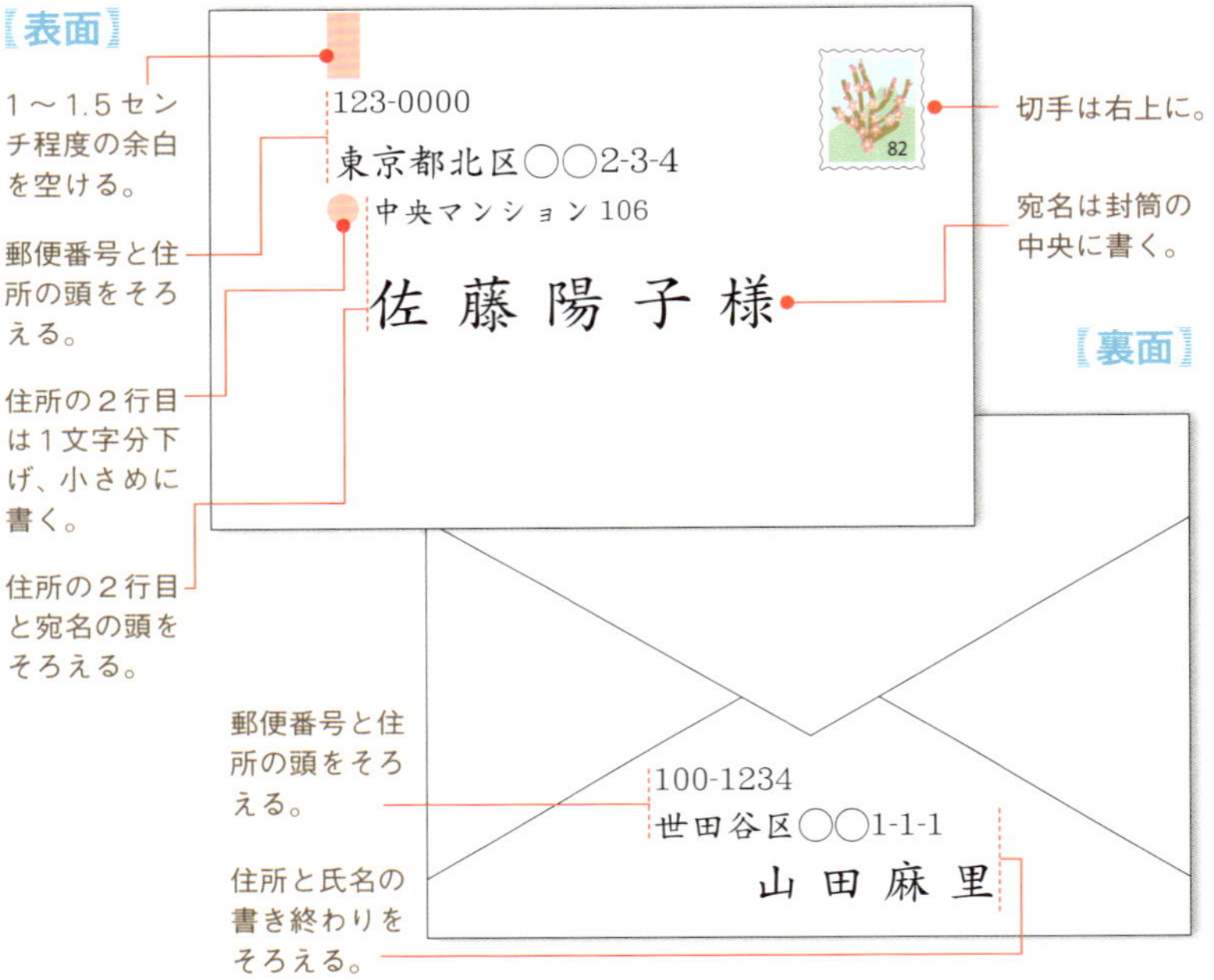

洋封筒を縦に使うとき

Point

洋封筒を縦にして使う際は、一般の手紙と弔《ちょう》事《じ》に関する手紙とで裏面の差出人を書く位置が変わります。注意しましょう。

- **一般**

お祝いごとを含む一般の手紙の場合は、封筒の閉じ口を右側にして、左側に差出人の住所・氏名を書きます。

- **弔事**

お悔やみごとに関係した手紙の場合は、封筒の閉じ口を左側にして、右側に差出人の住所・氏名を書きます。

ちょこっとマナー　洋封筒の場合は、封字を書かなくてもかまわない。

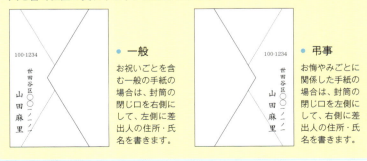

便せんの折り方と入れ方

【洋封筒の4つ折り】

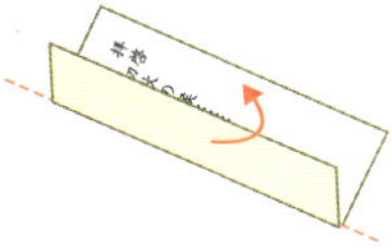

1 手紙を左から右へ縦に半分に折る。

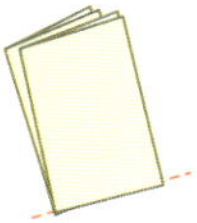

2 下から上へ横に半分に折る。

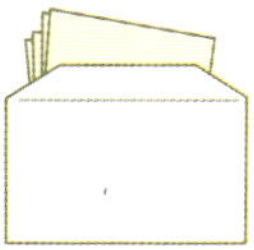

3 封筒を表にしたときに、手紙の書き出しが左上になる。

【和封筒の4つ折り】

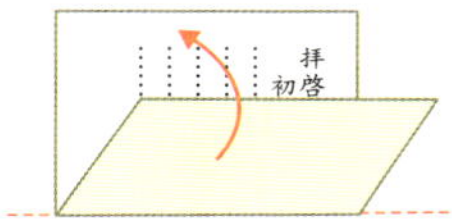

1 手紙を下から上へ横に半分に折る。

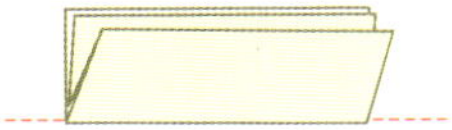

2 もう一度下から上へ半分に折る。

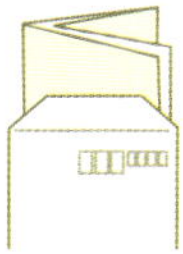

3 封筒を表にしたときに、手紙の書き出しが右上になる。

【和封筒の3つ折り】

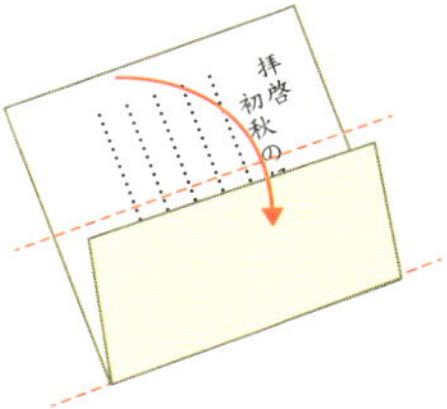

1 下・上の順に3つに折る。

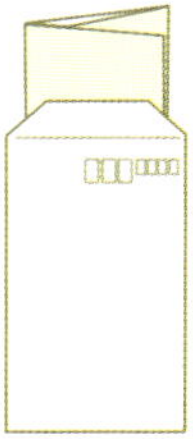

2 封筒を表にしたときに、手紙の書き出しが右上になる。

プラスの気配り

封筒は目的に合わせて使い分ける

封筒は、和封筒、洋封筒の違いのほかに、一重封筒と二重封筒などの種類もあります。二重封筒は正式な手紙のときに使用しますが、お見舞いや弔事の手紙は「不幸が重なる」の意味から一重封筒にします。

封筒の種類	目的
二重和封筒	個人名で出す社交の手紙や、正式な手紙
一重和封筒	弔事やお見舞いに関する手紙
洋封筒	招待状などの手紙、カジュアルな手紙
社用封筒	ビジネス用の手紙

ちょこっとマナー　便せんは1枚でも失礼ではない。2枚目が後づけだけになるのは避ける。

お祝い・お礼の手紙文例

- 重要 お祝いの手紙は忌み言葉に注意する
- 重要 お礼の手紙はなるべく早く出す
- 注意 目上の人へのお礼は、はがきを避ける

友人への出産祝い

真衣さん、ご出産おめでとうございます。

ご主人やご両親もどんなにかお喜びのことでしょう。

元気いっぱいの女の子とのこと、母子ともにお元気とうかがい、安心しました。産後は無理は禁物ですので、ゆっくり休養をとってください。

近いうちに、真衣さんとかわいい赤ちゃんの顔を拝見にうかがいたいと思っております。

別便にてお祝いの品をお送りしました。お納めいただければ幸いです。

赤ちゃんの健やかな成長をお祈りし、心から祝福を送ります。

時節柄、おからだをお大事に。

末筆ながら、ご主人様、ご両親様にもよろしくお伝えください。

- 親しい間柄なら前文は省略して、祝福の言葉からはじめてもよいでしょう。
- 母子の健康と将来を祝福する言葉を伝えます。
- 相手の家族の喜びも察する言葉も書き添えます。
- お祝いの品物を送るときは、その旨も伝えます。

祝福は自分の言葉で、お礼はスピーディーに

お祝いの手紙は、ありきたりのきれいな言葉を並べるのではなく、自分の言葉で伝えるようにしましょう。ともに祝福する気持ちを素直に書きます。お祝い以外の用件を書くのはマナー違反です。忌《い》み言葉にも注意しましょう。

お礼は、なるべく早く出すのがマナーです。どのようにうれしかったのか、できるだけ具体的に書くと相手も喜んでくれます。

ちょこっとマナー　出産祝いのお礼状では、必ず赤ちゃんの名前を知らせる。

訪問先へのお礼

前略
先日は、楽しいホームパーティーにお招きいただきまして、ありがとうございました。加奈子さんのお心のこもったおもてなしをいただき、心からお礼申し上げます。

あまりの楽しさに、つい長居してしまったのではないかと懸念しております。ご迷惑をおかけしていましたら、お許しください。

季節の変わり目、どうぞおからだをお大事に。

ご主人様にも、くれぐれもよろしくお伝えください。

まずはお礼まで。

かしこ

- 親しい相手にはがきでお礼を出すときは、前文を省略してもよいでしょう。
- 招待のお礼と、おもてなしへの感謝の気持ちを伝えます。
- 親しくてもくだけすぎず、ていねいにお礼を伝えます。

お歳暮へのお礼

一筆申し上げます。

年内も残り少なくなってきました。

坂本様には、お健やかにお過ごしのことと存じます。

本年もたいへんお世話になりました。

さて、このたびは、結構なお歳暮の品をお送りいただき、誠にありがとうございます。さっそく家族みなで、おいしくいただきました。

今年の冬はことのほか寒さが厳しいとか。お風邪などめしませんようにお気をつけください。

まずは、書中にてお礼申し上げます。

草々

- お歳暮の場合は、1年間お世話になったことへのお礼も書き添えます。
- 食品は、どのようにいただいたかを書くとよいでしょう。

これはタブー

目上の人へ、はがきでのお礼

はがきは「端書き」から派生したことばと言われています。紙切れなどの端に書きとめたメモのようなものが語源で、正式な手紙ではありません。そのため、目上の人へのお礼は失礼にあたります。封書で送りましょう。

ちょこっとマナー お祝いする日が決まっているなら、お祝いの手紙はその前に届くように。

お詫び・お見舞いの手紙文例

重要 前文は省略し気づかいをまず伝える

注意 お詫びはいいわけにならないように

注意 お見舞いは病状などをくわしく書かない

相手を思いやる気持ちで くわしい事情を書くのは控える

お詫び・お見舞いの手紙は、前文は手短かにするか、省略しても失礼にはなりません。お詫びの場合は、事の起きた理由を簡潔に書く必要がありますが、いいわけがましくならないよう注意します。お見舞いは、被災状況や病状などを知っていてもくわしくは書かず、返事を求めることは避けます。謙虚な謝罪の気持ち、安否を気づかう気持ちを素直に書きましょう。

子どもが友人にケガを負わせたお詫び

急呈

本日は、息子の涼平がご子息の雅人さんにケガを負わせてしまい、誠に申し訳ございません。心よりお詫び申し上げます。

先生のお話では、幸いにも軽い打撲との診断で、大事に至らず安堵しましたが、雅人さんとご両親様には、ご心痛であったことと存じます。

ふざけ合っていたなかで起こったことのようですが、けがをするほどの悪ふざけをしていてはいいわけにもなりません。涼平にはきつく注意しました。

治療費などご負担になることは、私どもでできるだけのことをさせていただきます。なにより、雅人さんのケガが一日でも早く回復するようお祈りいたします。

後日あらためて謝罪にうかがう所存でおりますが、まずは書中をもってお詫び申し上げます。

敬具

- 急ぎの手紙に使う頭語（▶P206）を用い、前文は省略します。
- まずは、お詫びし心配していることを伝え、主文のあとは早期の回復を願っていることで結びます。
- 本来はすぐ出向いて謝罪するべきなので、後日うかがう旨も伝えます。

ちょこっとマナー お詫びは、前文も末文もお詫びの言葉でよいが表現を変える。

病気入院のお見舞い

このたび、入院されたとうかがい、驚いております。

工藤さんのお話によれば、もう一週間になるとのこと。その後、おかげんはいかがでしょうか。知らなかったこととはいえ、お見舞いが遅れましたこと、失礼いたしました。

日ごろからご壮健とうかがっておりましただけに、たいへん案じております。一日も早いご回復をお祈りいたしております。

近いうちにお見舞いにおうかがいするつもりでございますが、まずは書中にてお見舞い申し上げます。

- 前文は省いてもかまいません。
- 誰から聞いた話なのか書き添えます。
- 回復を願っている旨を伝えます。
- 重病の人の場合は家族宛てにします。

地震災害のお見舞い

このたびの御地での地震、心より案じております。お宅もいかばかりか被害にあわれましたでしょうか。

謹んでお見舞い申し上げます。

幸いなことに、ご家族の皆様はご無事だとうかがっておりますので、それだけは何よりだったと思っております。

私どもにできることがありましたら、お気兼ねなくお知らせください。とり急ぎ別便にて食品などをお送りしました。お役に立つものであれば幸いです。

略儀ながら書中をもちましてお見舞い申し上げます。

- 被災状況を確認し、すぐに出すようにします。主文は簡潔にし、誠意のある表現で伝えます。
- 返信は求めずに、「お困りごとがあれば……」と援助の申し出を伝えます。

これはタブー

お見舞い状の追伸

追伸は不幸が繰り返されることを連想するため、お見舞いの手紙では使いません。「重ねて」「ますます」などの重ね言葉もタブーです。

ほかのこととの比較

「○○さんほどじゃなくて安心」「あのときより被害が少なくてよかった」などと、ほかの病気・ケガ・災害・事故などと比較するのは避けます。

ちょこっとマナー　子どもが関係するお詫びは、夫婦の連名の手紙にする。

メールやりとりの基本マナー

重要 メールには基本の形式があることを知る

注意 SNSなどのメッセージとは送り方が違う

注意 どのメールソフトでも読めるものを送る

メールはSNSとは違うことを認識する

友人や家族とは、メールよりもショートメッセージやSNS（ソーシャル・ネットワーキング・サービス）を通してという人も多いでしょう。そのため、少し改まったメールを送るときも、SNSのような送り方になっている人がいます。メールは仕事で使うことが多いため、基本の形式やマナーがあります。ショートメッセージやSNSとは違うと心得ましょう。

メール送信の基本マナー

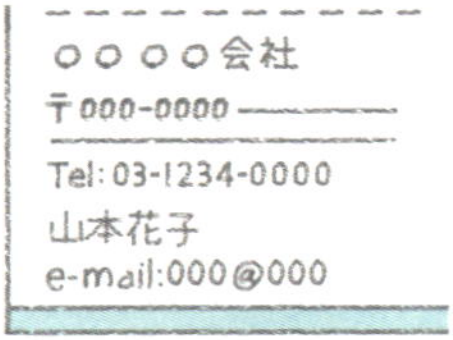

差出人の情報を入れる

差出人の情報は、メール本文の最後に署名として自動的につくように設定しておきます。署名には、所属、氏名、連絡先を入れます。

件名を必ずつける

件名は内容がわかる簡潔なものに。「こんにちは」「山田です」など、内容が推測しにくいもの、名前だけのものは避けます。

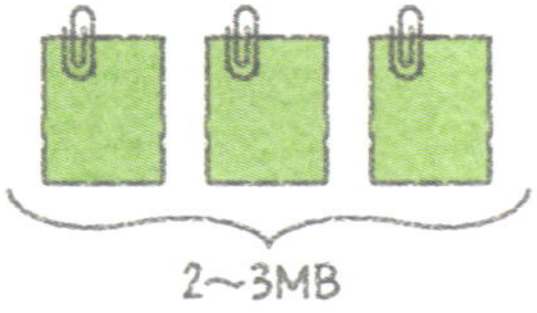

添付ファイルは3つまで

写真や書類のデータをメールに添付して送る場合は、3つ以内で2～3MB程度に抑えるのが理想です。

本文は読みやすさを重視

ひとつのメールに用件はひとつとして、読みやすさを意識して書きましょう。改行、行空けを適宜行い、書き文字で使わない漢字はメールでも避けます。

ちょこっとマナー 大容量の添付ファイル送信は、事前に相手に知らせる。

メールの基本形式

宛先	nomura-00@○○○.jp
CC	asahi@ooooo.co.jp, yugure@○○○.co.jp, tsukiyo@○○○.com
BCC	
件名	「木曜おもてなしクラス」クリスマスメニュー

いろは料理教室
野村先生

こんにちは。木曜日の「おもてなし料理クラス」の山田です。

クリスマス料理の回のメニューですが、先生がご提案してくださったメニューの中から、私たちのクラスで作りたいものを話し合いまとめました。
下記のメニューでお願いいたします。

●メイン………牛肉の赤ワイン煮
●サラダ………かぶとりんごと木の実のサラダ
●パスタ………ほうれん草のニョッキ
●デザート……クランベリーのトライフル

みんな今からとても楽しみにしています。どうぞよろしくお願いいたします。

山田 亜沙子
tel 090-0000-0000

CCに入れるのは、全員に見られても問題ないアドレスの人のみ。

件名は内容がわかるものに。

最初に相手の名前。ビジネスでは所属も入れる。

あいさつの言葉。自分を名乗ればていねい。ビジネスでは「お世話になっております」が冒頭の慣用句。

適宜、行間を空ける。

1行は25～35字程度に。

用件は箇条書きにするなどして、読みやすくする。

署名を入れる。ビジネスでは、社名、部署名、住所なども入れる。

これはタブー

CCとBCCの混同

複数の人に同時送信する際、CCのアドレスはすべての人が見られ、BCCは送信者だけが見られるものと覚えておきましょう。個人情報を考慮した使い分けを。

仕事のお詫びメール

ビジネスでのお詫びは対面か文書が正式です。状況によっては電話でも許される場合もありますが、メールだけですますのは誠意が感じられません。お礼も同様です。

ちょこっとマナー　フリーメールアドレスで取引先などへ送らない。受信拒否を受けることも。

こんなときは？

メールのマナー Q&A

Q 仕事相手でも親しい相手なら絵文字はOK？

A プライベートなメールなら問題ありませんが、ビジネスメールの場合は、親しくしている相手でも絵文字は厳禁です。短いメールでもきちんと文章で送ります。

Q 携帯からのビジネスメールはOK？

A ビジネスメールは、職場のパソコンから、与えられたメールアドレスで送受信するのが原則。外出先で携帯端末からのメールが認められていることもありますが、その場合でも、一般には緊急性の高いメールに限るほうが相手も納得します。その際は、「携帯メールから失礼します」とひと言添えて。

Q メールの用件を電話で返してもよい？

A 返信の内容によっては、口頭のほうが説明しやすいこともあるでしょう。ただ、メールは記録に残るというメリットがあり、相手がそれを重視していることもあります。電話で返信した場合でも、「確認のため改めてメールを入れておきます」として、メールでも返信しておくほうが安心です。

Q 身に覚えのないメールが届いたら？

A 身に覚えのないメールを受け取ったら、開かずにそのまま削除します。開いてしまっても、メールに記載されたURLなどは絶対にクリックしないように。ウイルスに感染したり、有害なサイトにつながったり、トラブルを引き起こす原因になります。

Q メールの返信がなかなかこない！

A メールが必ず相手に届いているとは思わないことです。相手の受信設定によっては迷惑メールとして処理されていたり、通信トラブルを起こしていたり。必ず返信が欲しい重要な内容は、電話でも伝えるようにしましょう。

Q 迷惑メールを受信しないようにするには？

A 迷惑メールを防止するには、安易に自分のメールアドレスを公表しないことです。占い、懸賞、無料サービスなどのサイトに登録するときは、信用できるサービスか見極めることが大切です。

プロバイダーやメールソフトで設定できる迷惑メールフィルターなどを利用すると、ある程度は抑えることができるでしょう。すでに大量の迷惑メールを受信してしまう状態なら、思い切ってメールアドレスを変えてしまう方法も。ずいぶんとスッキリします。

ネット・SNSを楽しむための基本マナー

重要 ネットは公共の場と心得えて利用を

注意 個人が特定される情報は公表しない

注意 不正なサービスへはアクセスしない

危険から身を守ることを第一に考えて利用する

インターネットは私たちの生活に欠かせないものとなり、ユーザー同士が相互にコミュニケーションを図れるSNSは、さまざまな種類が登場しています。近況報告や情報交換、写真の共有など、誰でも気軽にできるものだからこそ、マナーを守り、ネットの危険からも身を守りたいものです。賢く楽しむルールを知っておきましょう。

インターネット利用の心得

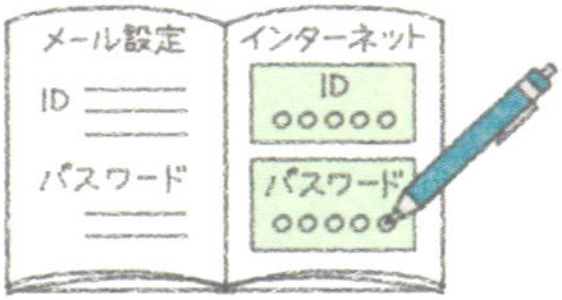

IDやパスワードの管理はしっかりと

ネットはさまざまなサービスでパスワードなどの登録を求められます。パスワード管理ソフトもありますが、重要なものは紙に書いて管理するのが安心。

不正サービスは利用しない

ネットは公共の場ですので、ルール、マナーを守ります。利用するサービスの規約を守り、不正なネットワークサービスは使わないようにします。

プライバシーに配慮する

他人の個人情報や写真、生活の様子をネットに流すのは厳禁。自分や家族の個人情報開示、写真の公開も十分気をつけます。

他人を不快にしない

インターネットは人と人とのコミュニケーションの場でもあります。他人を不快にしたり、傷つけたりする行為は厳禁。

ちょこっとマナー 相手に面と向かって言えないことは、ネットでも言わない。

SNSを楽しく使うために

友だちつながりは慎重に

見知らぬ人はもちろん、いまは交流のない同級生なども、相手がつながりを求める目的は不明です。つながるのは、信頼できる人、情報を共有してもいい人だけに。

他人のかげ口を投稿しない

匿名でも、悪口・かげ口・誹謗中傷《ひぼうちゅうしょう》はNGです。投稿が拡散すると多くの人が見ることに。名誉毀損《きそん》で訴えられる可能性も。

情報拡散は出元を確認して

よかれと思って拡散した情報がデマだったり、犯罪の手助けになっていたり。そんな危険があるのもSNSです。

写真を勝手に公開しない

友人や家族が写っている写真を無断で投稿するのはやめましょう。仲のよい友人でも必ず確認を。「これぐらいなら……」はNGです。

人物以外の写真も注意する

自分だけの写真でも、周囲に写っているものに要注意です。生活圏内や職場の情報などが写り込んでいると、個人を特定されてしまうこともあります。また、位置情報サービスがオンになっていると、気づかぬうちに投稿場所が公開されてしまうことも。設定状況を確認しましょう。

これはタブー

いつでもSNSに夢中

目の前に友だちがいるのに、自分だけスマホでSNSに夢中になっているのは相手に失礼です。

投稿用の写真をどこでも撮影

事故現場や芸能人目撃など、状況を考えず撮影を優先するのはモラルを疑われます。

ちょこっとマナー 本名非公開の人へのコメントに、その人の本名で呼びかけるのはNG。

こんなときは？

SNSのマナーQ&A

Q 友だち申請を受けたくない！

A 知らない人の場合は、そのままスルーを。知り合いでもOKしたくない場合は、別のSNSに誘う方法もあります。「こちらのSNSは趣味の仲間だけなので、こちらのSNSのほうへどうぞ」など。理由があれば相手も納得しやすいはずです。

Q 自分の投稿した写真を転載されたくない！

A 写真にはウォーターマークをつけて無断転載を予防しましょう。ウォーターマークとは、写真につける小さな文字や図案で、その写真が自分のものだという印です。専用アプリもあるので活用してみては。

ウォーターマーク

Q 既読無視の状態は居心地が悪い……

A 既読が相手に伝わるSNSで、すぐに返信や反応ができないのについ見てしまい既読の状態にしてしまうことは少なくないでしょう。それが相手に悪いと思い悩むなら、プッシュ通知をオフにしておきます。相手が投稿したことがわからなければ、つい見てしまうこともなくなります。

一方で、相手の既読には寛容になることが必要。どうしても相手の既読無視が気になるなら、お互いに、すぐに返信できないときのためのルールを決めておけば、気がまぎれるでしょう。

Q SNSのグループを抜けたいときは？

A グループを抜けると、タイムラインなどに退出（退会）したことが表示されるSNSもあります。なんの報告もなく突然抜けられると、残された人たちもいい気分はしません。**事前に「しばらくお休みします」などと断って**からのほうが、角が立ちにくいでしょう。

Q 自分の写った写真が勝手に投稿された！

A 公開されている状態がいやなら、**相手に削除をお願いするしかありません**。ただし応じてくれるかどうかは相手次第。こういったトラブルを避けるには、SNSに投稿しそうな人の写真には最初から写らないようにすることです。撮られてしまったら、投稿はしないでほしいと断りを入れましょう。

Q アカウントが乗っ取られた！

A アカウントの乗っ取りは、自分だけでなく、自分とSNSでつながっている人にも迷惑をかけてしまうことがあります。**乗っ取りが発覚したときは、すぐにログインパスワードを変更**しましょう。パスワードの変更で解決できない場合は、**乗っ取られたSNSの公式サイトから、アカウントが不正使用されたことを報告し、そのアカウントを使用停止**にしてもらいます。同じパスワードをほかのサービスでも使用している場合は、そちらも変更したほうが安心です。

公共の乗り物での常識マナー

タクシーや飛行機、新幹線などは、閉ざされた空間だからこそのマナーがあります。気持ちよく利用できる気づかいを持ちましょう。

酔っていても節度を保つ

タクシーは、お酒を飲んでいるときに乗ることも少なくありません。そんなときこそ、しっかりマナー意識を保ちましょう。運転手に乱暴な言動をとるのは言語道断。「スピードを出せ」など、違反行為を強要するのもＮＧです。

雨の日のバスは要注意

バスは電車に比べて乗っている人の密着度が高いので、とくに雨の日には注意が必要です。乗車する際、かさはたたんで軽く水滴を落とします。レインコートはできれば脱ぎ、濡れている面を外に出さないようたたんで持ちましょう。

列車内の食事は少しの配慮を

列車内で駅弁などを食べるのは、公共の場でのマナーと同じで、においや音に注意が必要です。ただ、駅弁は旅の楽しみでもあります。においの強すぎるものは避けるなど、多少の配慮があればそれほど気にしなくてもよいでしょう。

リクライニングは声をかけてから

列車や飛行機の座席のリクライニングは、急に倒すと後部席の人に思わぬ迷惑をかけることも。飲み物を持っていたり、赤ちゃんを抱えていたりする場合もあります。倒すときは、後ろの人にひと声かけてからがスマートです。

座席のテーブルは静かに使用する

前の座席と一体となっているテーブルや飛行機内のモニターなどは、ちょっとした振動でも座っている人のストレスになることがあります。引き出すときや元に戻すときは、できるだけ静かにていねいに扱うようにしましょう。

8章

ビジネスでの マナー

ビジネスの場では、上司や先輩など目上の人、部下や後輩など目下《めした》の者、取引先やお客さまなど、相手によってマナーやルールが変わってきます。基本的なビジネスマナーを身につけ、人とのコミュニケーションも大切にし、円滑にビジネスを進めていきましょう。

職場でのあいさつのマナー

重要　あいさつ・おじぎは社会人の基本
注意　おじぎは角度で意味が変わる
注意　「ながら」のあいさつは絶対ＮＧ

あいさつは人間関係の基本。誰とでも気持ちよく交わす

あいさつは人間関係を円滑に保つうえで欠かせないもの。とくに職場ではあいさつがきちんとできることが常識とされ、業務の評価に影響することもあります。誰に対しても、自分から積極的にあいさつしましょう。

また、あいさつとともに欠かせないおじぎにも種類があります。適切なおじぎができるよう覚えておきましょう。

おじぎの種類

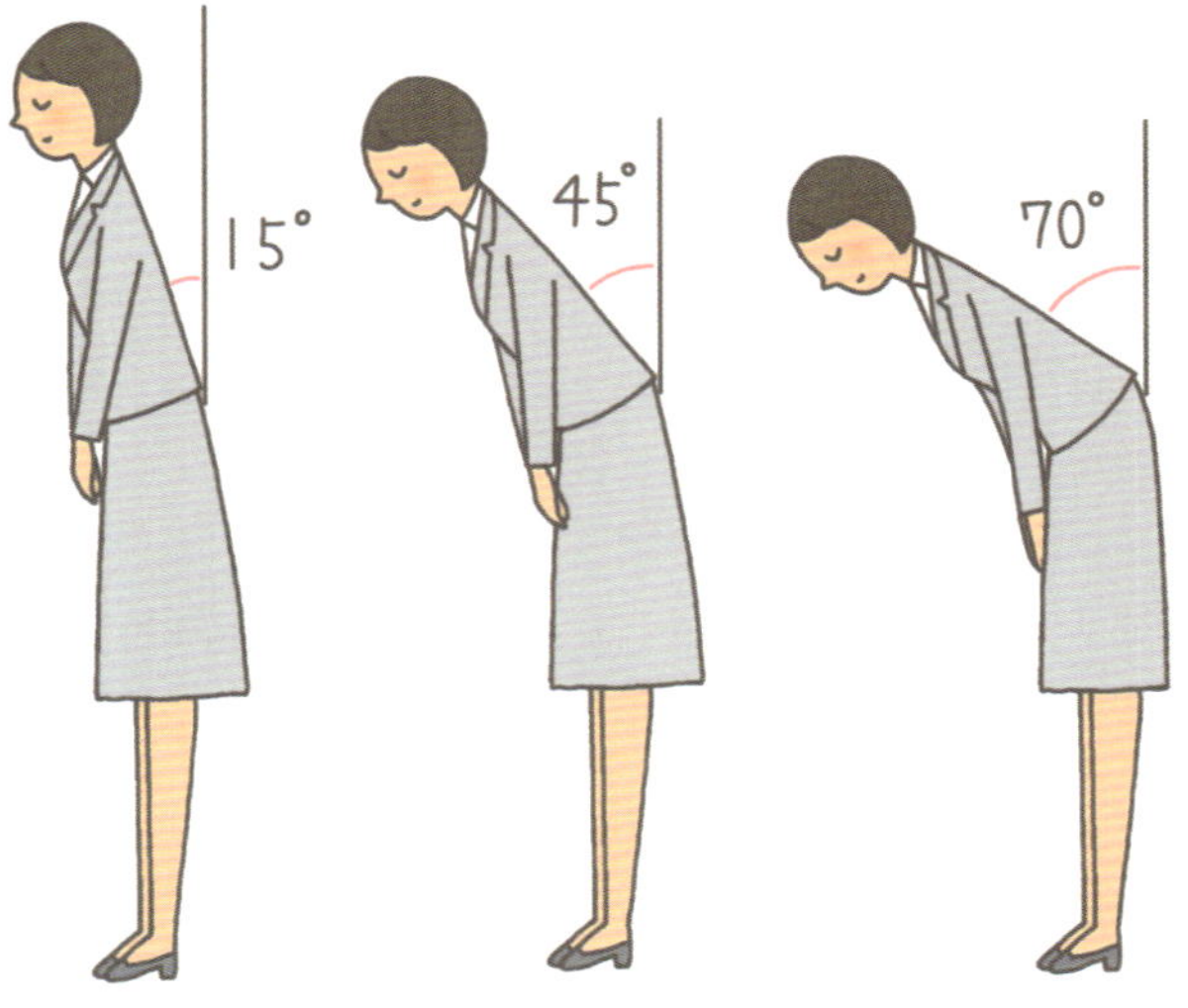

角度15°の会釈
朝のあいさつ、社内で人とすれ違うとき、仕事の指示を受けるときなど。

角度45°の敬礼
社外の人に会うとき、お客さまに会うときなど。

角度70°の最敬礼
謝罪するとき、感謝の気持ちを示すときなど。

合わせて確認！｜敬語の使い方▶P232

一般的な社内あいさつ

【出社したとき】

「おはようございます」

社内の誰と会っても、自分から明るく気持ちよくあいさつする。

【席に戻ったとき】

「ただいま戻りました」

周囲の人に戻ったことを伝える。

【離席・外出するとき】

「食事へ行ってきます」
「△△社へ行ってまいります」

周囲の人に行き先を告げる。社内ルールに従って、行き先・帰社予定時間などを書き残す。

【社外の人・来客へ】

「お世話になっております」
「いらっしゃいませ」

社外の人やお客さまを見かけたら、会社を代表するつもりで、自分から明るく声をかける。

【仕事を依頼されたら】

「かしこまりました」
「承知しました」

業務中に呼ばれたら「はい」と返事をして、業務の手を止め、相手の元へ行く。

【退社するとき】

「お疲れさまでした」
「お先に失礼します」

誰かが退社するときは「お疲れさまでした」。自分が退社するときは「お先に失礼します」。

これはタブー

特定の人にしかあいさつしない

会社はさまざまな部署や年齢・役職の人たちで成り立っています。「上司にはあいさつするが同僚にはしない」「男性にはあいさつするが女性にはしない」といったアンフェアな態度は厳禁。

「ながらあいさつ」をする

スマホを見ながらする、パソコンの画面を見ながらするといった「ながらあいさつ」は相手に対して失礼です。あいさつは、相手の目を見ながら交わすのが基本のマナーです。

ちょこっとマナー　小さな声であいさつするのはNG。相手に聞こえなければ、していないのと同じ。

敬語の使い方

重要 敬語には5つの種類がある
注意 話す相手により使う敬語が変わる
重要 クッション言葉をうまく使う

敬語が使いこなせないと社会人として認められない

仕事の場に欠かせないのが敬語です。敬語が正しく使えないと知らず知らずのうちに相手に失礼なことを言ってしまい、社会人として未熟と見なされてしまいます。

敬語には尊敬語、謙譲語、丁重《ていちょう》語、ていねい語、美化語という5つの種類があり、どれが欠けてもおかしな日本語になってしまいますので、一つひとつ覚えて使いこなせるようになりましょう。

敬語の種類

敬語	特徴	例
尊敬語	目上の相手に対して、敬意を示す言葉。	「いらっしゃる」「おっしゃる」
謙譲語	自分の行動や状態をへりくだって表現し、相手を立てる言葉。	「うかがう」「申し上げる」
丁重語	自分の行動などをへりくだって表現し、聞き手に丁重に伝える言葉。	「参ります」「申し上げます」
ていねい語	文末に「です」「ます」をつけ、ていねいにした言葉。	「お電話です」「おはようございます」
美化語	名詞に「お」や「ご」をつけ、ていねいにした言葉。	「お電話」「ごあいさつ」

これはタブー

ビジネスに不適切な言葉

お客さまや社外に使ってはいけない言葉があります。言い換えができるようにしておきましょう。

×	○
ありません	ございません
いません	おりません 席を外しております
知りません	存じません
わかりません	わかりかねます 判断しかねます
できません	いたしかねます

ちょこっとマナー 承諾は「了解」ではなく「承知しました」「かしこまりました」。

敬語の使い分けと基本のルール

一般的な表現	尊敬語	謙譲語	丁重語
いる	いらっしゃる、おられる	おる	おります
する	なさる、される	いたす	いたします
言う	おっしゃる	申す、申し上げる	申します、申し上げます
見る	ごらんになる	拝見する	拝見します
聞く	お聞きになる	拝聴する	拝聴します
たずねる	おたずねになる	うかがう	うかがいます
行く	いらっしゃる	うかがう、参る	うかがいます、参ります
来る	おいでになる、お越しになる、お見えになる	参る	参ります
帰る	お帰りになる	失礼する	失礼します
食べる	召しあがる	いただく、頂戴する	いただきます、頂戴します
もらう	お受け取りになる	いただく、頂戴する	いただきます、頂戴します

【謙譲語・丁重語のおもなルール】

1 動詞の言い換え
【例】「言う」
「私はこう申し上げました」

2 「お」＋「～する」
【例】「話す」
「私がお話しします」

3 「お」＋「～させていただく」
【例】「話す」
「私がお話しさせていただきます」

4 へりくだる言葉に置き換える
自社➡「弊社、小社」
自分の手紙やメール➡「拙文《せつぶん》」

【尊敬語のおもなルール】

1 動詞の言い換え
【例】「する」
「お客さまがなさいました」

2 「お」＋「～になる」
【例】「帰る」
「お客さまがお帰りになります」

3 動詞＋「れる（られる）」
【例】「書く」
「お客さまが書かれます」

4 動詞＋「くださる」
【例】「話す」
「お客さまがお話しくださる」

ちょこっとマナー　目上に対して「参られますか？」は間違い。正解は「いらっしゃいますか？」。

【美化語のおもなルール】

1 名詞の頭に「お」をつける

- 手紙➡お手紙
- 茶➡お茶
- 電話➡お電話

2 名詞の頭に「ご」をつける

- あいさつ➡ごあいさつ
- 報告➡ご報告
- 理解➡ご理解

【ていねい語のおもなルール】

1 文末に「です」「ます」をつける

- 「電話」➡「電話です」

2 文末に「ございます」をつける

- 「電話」➡「お電話でございます」

3 ていねいな言葉に置き換える

- 今日➡本日
- 昨日（きのう）➡昨日（さくじつ）
- 明日（あす）➡明日（みょうにち）
- 今➡ただ今

これはタブー

目上の人へ「ご苦労さま」

「ご苦労さま」は、目上が目下をねぎらう言葉。目下《めした》の者からは「お疲れさまです」が正解です。「できますか？」「わかりますか？」も目上には失礼な表現です。

どんなときも「すみません」

お礼を伝えるときは「ありがとうございます」、謝罪は「申し訳ございません」、誰かに声をかけたいときは「よろしいでしょうか」と使い分けられるようにしましょう。

ちょこっとマナー 外来語は「お」や「ご」をつけて美化語にすることはできない。

覚えておきたいクッション言葉

〖質問するとき〗

相手の気持ちに配慮していることを伝えつつ、聞き出すべきことを聞き出す。

【例】「お電話番号を教えていただけますか？」➡「お差支えなければ、お電話番号を教えていただけますか？」

- 失礼ですが～
- お差支えなければ～
- うかがいたいことがあるのですが～
- おたずねしてもよろしいでしょうか～

〖お願いするとき〗

クッション言葉をつけ足すと、相手に唐突な印象を与えずにすむ。

【例】「当社へお越しいただけますか？」
➡「おそれ入りますが、当社へお越しいただけますか？」

- おそれ入りますが～
- お手数ですが～
- 申し訳ございませんが～
- よろしければ～
- ご面倒をおかけしますが～
- ご迷惑をおかけしますが～
- お差支えなければ～
- 大変恐縮でございますが～

〖断るとき・謝るとき〗

断りや謝罪の言葉は誰しも言いづらいもの。ひと言つけ足すと、申し訳ない気持ちを相手に伝えながら断ることができる。

【例】「○○は在庫切れとなっています」
➡「申し訳ございませんが、○○は在庫切れとなっています」

- せっかくですが～
- 大変申し訳ございませんが～
- 大変残念ですが～
- 大変恐縮ですが～
- 身に余るお言葉ですが～
- 申し訳ございませんが～
- お気持ちはありがたいのですが～

言いにくいことはクッション言葉を使って

敬語と同様に、ビジネスの現場でよく使われるものに「クッション言葉」があります。通常の言葉にひと言つけ加えることで、ていねい感が増し、きつい印象をやわらげてくれる言葉です。

クッション言葉は、依頼・謝罪・断りなど、言いづらいことを伝えるときに便利です。口先だけにならず、心を込めてていねいに使うようにしましょう。

とくに気をつかう謝罪の言葉の場合、上にも下にもクッション言葉をつけると、やわらかく丁重《ていちょう》な印象を与えます。

ちょこっとマナー　クッション言葉は会話だけでなく、メールなどに使ってもよい。

電話の受け方

重要 電話は3コール以内に出る
注意 受けた電話は相手が切るのを待つ
重要 要所要所に決まり言葉を使う

3コール以内に出て、必ずあいさつを返す

電話を受けるときは3コール以内に出るのがマナーです。受話器を取って社名を名乗ったら、相手も社名や氏名を名乗るので、必ず「お世話になっております」とあいさつをしましょう。受けた電話は自分から先に切るのは失礼になるので、相手が切ったことを確認してから受話器を置きます。スムーズに電話を受けられるようになると、仕事の幅が広がります。

電話応対のマナー

うっかり電話を切ってしまったら

相手の電話番号がわかる場合は、すぐにかけ直します。電話番号がわからない場合は、社内の担当者に伝え、対応をお願いします。

「先ほどは手違いでお電話を切ってしまい、申し訳ありませんでした」

質問に答えられないとき

最初に、自分では答えられないことを伝えます。

「申し訳ございません。私ではわかりかねますので」

続いて、次のどちらかの返答で対応します。

1. **「こちらで調べて改めてお電話を差し上げてよろしいでしょうか？」**
2. **「係の者とかわります。少々お待ちくださいませ」**

相手の言葉がよく聞きとれないとき

不安な場合は相手の言葉を復唱します。

「おそれ入りますが、少しお電話が遠いようですので、もう一度おっしゃっていただけますか？」

すぐに用件に応えられない場合

次のようにたずねます。

「少々時間がかかりますので、こちらから改めてお電話を差し上げてよろしいでしょうか？」

合わせて確認！ 電話のかけ方▶P238 敬語の使い方▶P232

電話を受ける流れ

電話のコールが鳴る

3コール以内 →「はい。○○商事営業部でございます」

3コール以上 →「お待たせいたしました。○○商事営業部でございます」

相手が名乗る

「こちらこそお世話になっております」

普段から取引があるのか不明でも、取引があるように接する。

相手が担当者を指名する

自分への用件の場合 →「はい。土谷でございます」→ **用件に対応する**

自分以外への用件の場合 →「高橋でございますね。少々お待ちください」→ **「保留」ボタンを押す**

相手の社名・氏名が聞きとれなかったときは、ここで再確認する。

担当者が電話に出られる場合 →「高橋課長、○○化学の瀬川さまよりお電話です」→ **取り次ぎ終了**

担当者が電話に出られない場合

【不在】
「あいにく高橋は外出中でございます。戻りましたら、こちらからご連絡を差し上げるようにいたしましょうか？」

「○時に戻る予定です」と、おおよその帰社予定時間を告げてもよい。それにより、先方の要望が変わることがある。

【電話中・会議中】
「あいにく高橋は電話（会議）中でございます。終わりましたら、こちらからご連絡を差し上げるようにいたしましょうか？」

先方がかけ直す場合 →「申し訳ございません。それではお電話があったことをお伝えいたします」

伝言を頼まれた場合 →「伝言を承ります」

「電話メモ」を作成する

ちょこっとマナー　保留で待たせるのは30～60秒まで。それ以上になりそうなら、かけ直す。

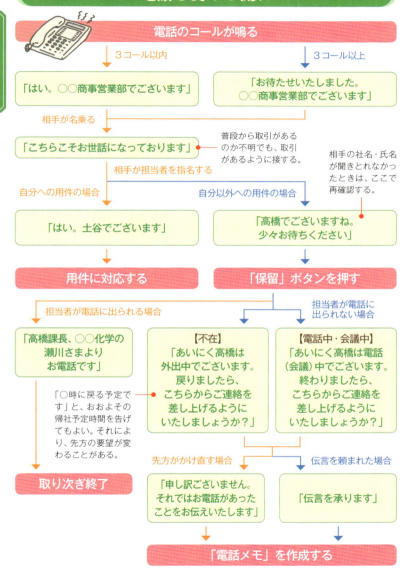

電話のかけ方

重要 最初に社名と氏名を名乗る

重要 話すべきことを整理してからかける

注意 重要なことはメールでも伝えておく

普段より高めのトーンで明るく話すようにする

電話をかけるときは普段の声より少し高めのトーンにして、明るくハキハキと話します。先方は、こちらの顔が見えないので、安心感を与えるために社名、氏名を最初にはっきりと名乗りましょう。

用件は簡潔に、要点を押さえて説明します。説明に必要な資料などをあらかじめ手元にそろえておくと、先方から質問を受けたときにあわてずにすみます。

プラスの気配り

日時、場所、金額などの重要用件はメールでも共有

電話は声だけで情報を伝えるため、聞き間違いや聞きもらしが起きないとも限りません。間違いがあってはならないことは必ずメールでも共有し、のちのちのトラブルを未然に防ぎます。

かける側であってもつねにメモを用意する

別の電話番号へかけるように案内されたり、新たな展開があるなど、電話をかける側も意外にメモが必要なケースがあります。社内はもちろん、出先からかける場合もできる限りメモを用意しておくと安心です。

合わせて確認！ 電話の受け方▶P236 敬語の使い方▶P232

電話をかける流れ

電話をかける

↓ 先方が電話に出る

「○○商事営業部の土谷と申します。いつもお世話になっております」

↓ 先方もあいさつを返す

「仕入部の瀬川マネージャーをお願いいたします」

相手の所属部署と名前、役職名を正確に伝える。

相手が出た場合

「○○商事営業部の土谷と申します。いつもお世話になっております」

↓

用件を話す

相手が出ない場合

【かけ直す】「では、後ほどこちらからかけ直します」

【相手からかけてもらう】「では○○商事の土谷宛てに、折り返しお電話をいただけますでしょうか？」

【用件を伝える】「では、今から申し上げます内容をお伝えいただけますでしょうか？」

万一、伝え忘れなどが生じたときのために、伝言を頼んだ相手の名前をメモしておく。

↓ 話が終わったら

「ありがとうございます。今後ともよろしくお願いいたします。失礼いたします」

↓

電話終了

これはタブー

先方の社名・氏名を間違える

相手の社名・部署名・役職名・氏名などを間違えることは、とても失礼なことです。必ず確認しながら電話をかけます。

早朝や深夜に電話をする

早朝や深夜、お昼の休憩時間など、先方が就業時間外と思える時間帯の電話は遠慮します。急用のときは、「朝早くから申し訳ありません」などと、ひと言断ってから。

騒々しい場所からかける

駅のホームやにぎやかな店舗の中など騒々しい場所からかけると、相手には聞き取りづらいもの。また、社内なのに背後で私語が聞こえると、相手に与える印象が悪くなります。

ちょこっとマナー 電話の相手が受付担当であってもキーパーソンであっても、ていねいに。

来客応対の基本のマナー

重要 どんな来客にもていねいに対応する

注意 アポのない来客も関係部署に確認する

注意 待たせる場合は座って待ってもらう

来客を迎えたら失礼のないようていねいに応対する

会社に来客があったら、たとえ受付係でなくてもあいさつをして、担当者へ取り次ぎます。来客時の対応は会社のイメージに直結するので、失礼のないようていねいに応対をしましょう。

来客を応接室などへお通しするときは、前を歩いて先導します。来客が着席し、担当者と話がはじまったら、必要に応じてお茶やコーヒーを出します。

受付での応対

◆ アポイントメントがない来客の応対

約束がなくても、重要な相手であったり、緊急の用件であるケースも。勝手に判断せず、担当者や担当部署に相談します。「書類だけ渡してほしい」と頼まれた場合は書類と名刺を預かり、担当者へ渡します。

◆ アポイントメントはあるが自社の担当者が不在の場合

何かの事情で担当者が不在の場合は、同じ部署の同僚に取り次ぎます。

◆ 来客を長く待たせてしまう場合

担当者がすぐに顔を出せない場合は、「あいにく○○は会議が長引いております。○分ほどお待ちいただけますか？」と丁重《ていちょう》にお願いをします。座って待っていただくのが常識なので、あまり長引くようなら会議室などへ案内します。

合わせて確認！ 職場でのあいさつマナー▶P230 敬語の使い方▶P232

来客応対の流れ

来客が到着

来客と目が合った瞬間におじぎをする。

「いらっしゃいませ」「本日はどちらにご用でしょうか？」
「失礼ですが、社名とお名前を頂戴できますか？」

来客が社名・氏名・会いたい担当者と用件を告げる

「ただいま担当者をお呼びいたします。少々お待ちくださいませ」

内線電話で担当者に来客の来訪を知らせる

社内の担当者に知らせた時点で、アポイントメントがある訪問かどうかがわかる。その後の行動は、担当者の指示に従う。

社内の担当者が在社している場合

「ただいま担当者が参ります。こちらでお待ちくださいませ」「△△にご案内いたします」

担当者が指定した場所へ案内する

「すぐに○○が参りますので、お座りになってお待ちください」

担当者と話がはじまる

社内の慣習に従って、お茶やコーヒーを出す

社内の担当者が不在の場合

「現在○○は外出しております。お約束はおありでしょうか？」

アポイントメントがある場合

担当者と同じ部署の者へ取り次ぎ、応対を頼む

アポイントメントがない場合

社内の担当者から「断ってほしい」と依頼された場合

「大変申し訳ございません。あいにく○○は不在ですので、改めてお約束のうえ、お越しいただけますでしょうか？」

来客が帰る

ちょこっとマナー　飲み物を出すか出さないかは会社によって異なるので、先輩に確認を。

案内するときのマナー

〖入室のとき〗

ドアを開け、「どうぞ」と先に来客を通す。上座を示して、「どうぞお座りになってお待ちください」と伝え、一礼して部屋から出る。

〖エレベーターで〗

扉が開いたら、「どうぞ」と先に来客に乗ってもらい、すぐに自分も乗り込んで行き先ボタンを押す。この間、来客には背を向けない。

〖歩きながら〗

来客の1、2歩ななめ前を歩き、ときどき振り返りながら、「こちらです」と方向を指し示す。

プラスの気配り

見送りは相手の姿が見えなくなるまで

来客が帰る際、担当者は玄関やエレベーターまで見送るのが基本。45度の敬礼で、来客の姿が見えなくなるまで見送るとていねいです。

案内時間が長いときは安心感を与える

案内する道のりが長い場合は、無言のままではなく、ときどき振り返り声をかけます。

〖案内時の声かけ〗

少し距離があるとき

「この先でございます」

段差があるとき

「足元にお気をつけください」

見送るとき

「本日はお越しいただき、
ありがとうございました。
気をつけてお帰りください」

合わせて確認！ おじぎの種類▶P230 席次の基本▶P244

お茶の出し方

1 お盆に人数分のお茶を用意。茶托《ちゃたく》の上に湯のみをのせる。

2 ドアをノックしたあと、返答がなくても、「失礼します」と言いながらドアを開けて入る。

3 来客の上座から順にお茶を出し、続いて自社の上座から順に出す。相手の右側から差し出してテーブルに置くのが原則。

4 お茶を出し終えたら、「失礼します」と言いながらおじぎをし、部屋から出る。

これはタブー

書類を勝手に動かす

テーブルの上の書類には触れずに、「こちらでよろしいでしょうか」と言って、空いているスペースにお茶を置きます。

汚れた湯のみ

茶渋がついたり、ふちが欠けた湯のみはNG。湯のみの手入れは普段から心がけておきましょう。お茶を入れる直前にも確認を。

合わせて確認! お茶とお菓子の出し方 P128

席次の基本

重要　席次はビジネス上の関係を表す

重要　基本は出入り口から遠いほうが上座

注意　相手の意向があれば臨機応変に対応

知らないと恥をかく上下関係を表す席次

席次とは座るべき席を決めたもので、お客さまや役職が上の人が座る席を「上座」、自社の人間や役職が下の人が座る席を「下座」といいます。基本的に、出入り口から遠く部屋の奥になるほど上座です。反対に、出入り口に近い側が下座で、なかでももっとも出入り口に近い席が「末席」です。お客さまや自社の人を案内するとき、間違いのないように注意しましょう。

席次の例

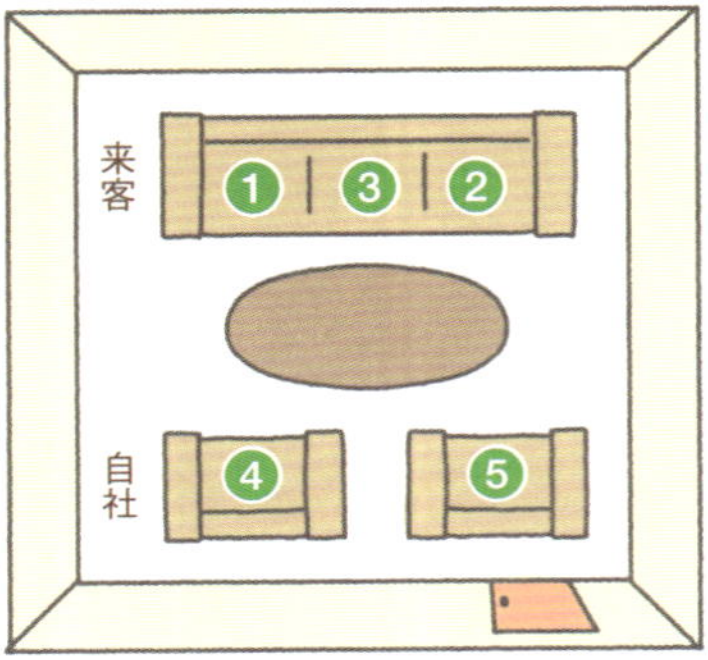

〖応接室〗

ソファセットが置かれた応接室では、長椅子が来客用で、出入り口に遠い位置が上座になる。3人がけのソファは中央が下座。

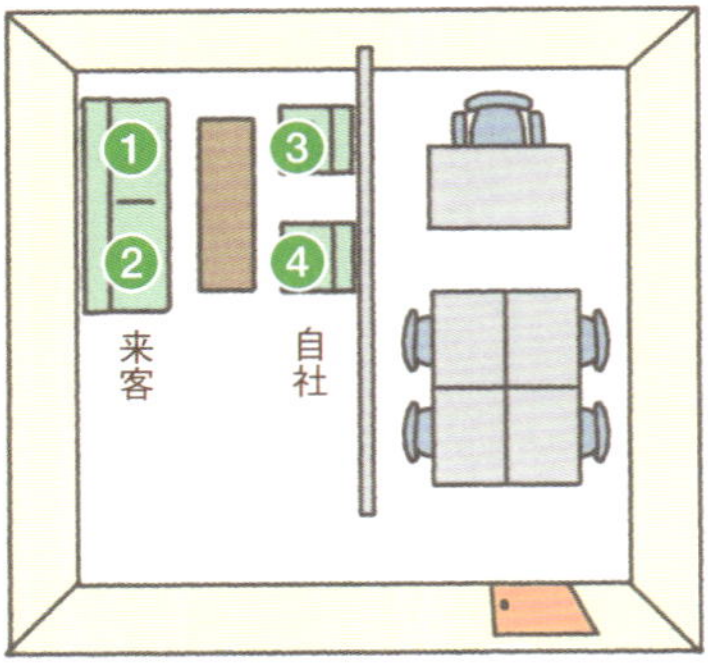

〖応接スペース〗

同じ室内にオフィスエリアがある応接スペースの場合は、オフィスエリアから遠い側が来客用となる。

ちょこっとマナー　和室の座席の席次は、床の間に近い側の中央が最上席。

【タクシー】

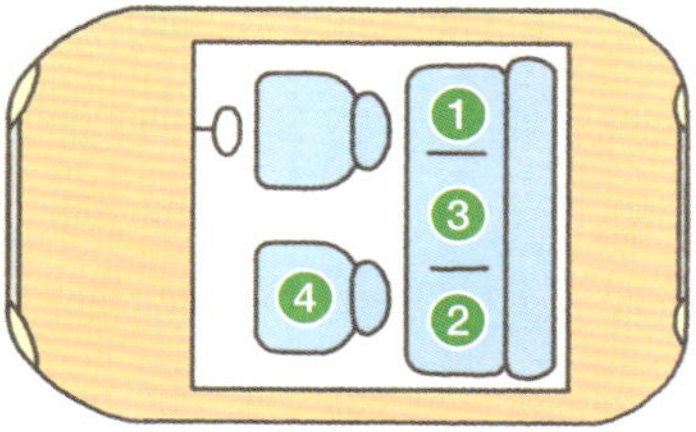

後部座席の奥が上座。助手席が末席。

【社内の会議の場】

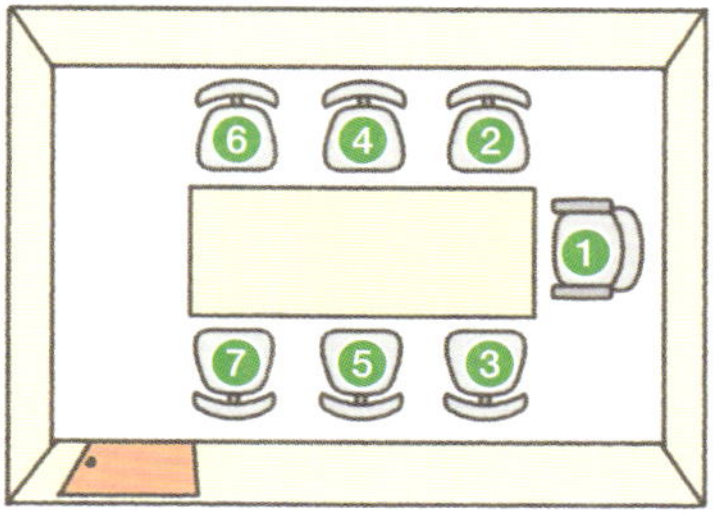

奥の席や議長席に近い席ほど上座。

【エレベーター】

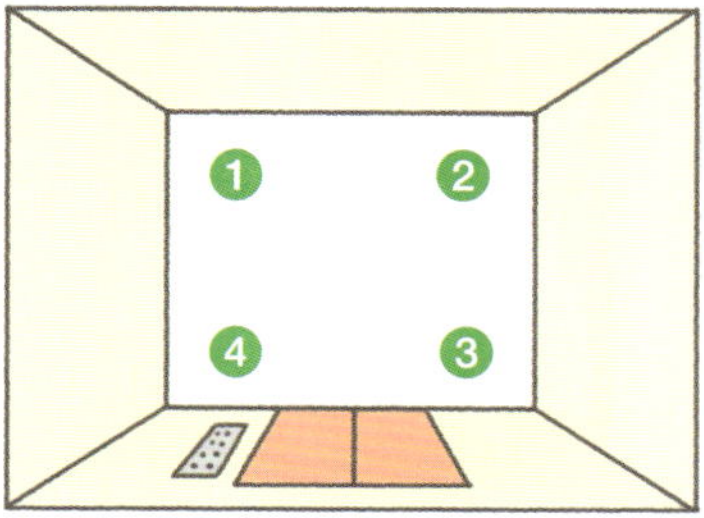

扉から見て左奥が上座。操作盤の前が末席で、ボタンを押す。

【他社との会議の場】

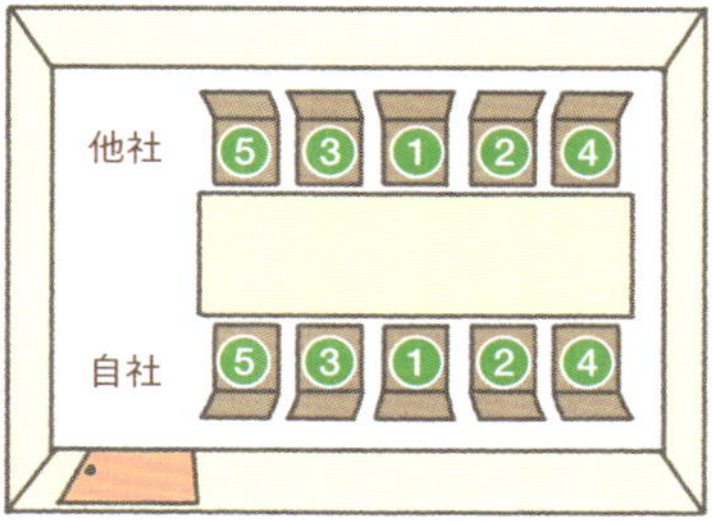

テーブルをはさみ奥側が他社の人。中心が役職の高い人で、自社側も同様。

プラスの気配り

席次にこだわらなくてよいときもある

眺めがいい席や冷暖房がほどよい席などがある場合は、席次の通りでなくてもかまいません。「こちらのほうが眺めがいいですから」と声をかけて席をすすめましょう。

上座を固辞する来客には臨機応変に

上座をすすめても、来客によっては遠慮して座ろうとしない場合があります。そんなときは無理にすすめず、相手が座りやすい席に座っていただくようにします。

ちょこっとマナー タクシーの中央席は大柄な人にはつらいので、小柄な人が進んで乗るとよい。

スマートな名刺交換のしかた

- 重要 名刺は相手の分身と思って大切に
- 注意 「名刺を忘れた」は禁句
- 注意 名刺交換は上席者から行う

名刺交換のしかた

1 相手の正面に立ち、名刺を取り出す。

2 「お世話になります。○○と申します」と両手で相手に名刺を差し出す。このとき、相手から見て正面になるように持つ。

3 左手で相手の名刺を受け取り、両手で持つ。相手の氏名を確認し、読み方がわからなければたずねてよい。

4 相手と目を合わせて、「どうぞよろしくお願いいたします」と頭を下げる。

スマートな名刺交換はビジネスの第一歩

名刺交換は初対面の相手とビジネスをはじめる大切な第一歩。互いの氏名や役職を知ることで、誰が上席者かわかり、話を最初に持ちかける相手の見当がつきます。

名刺は相手の分身と考え、大切に取り扱います。受け取った名刺を先方の座り順にテーブルの上に並べ、いつでも見えるようにしておくと、名前を間違えて呼ぶ失礼もありません。

ちょこっとマナー　名刺入れが傷んでいないかにも気を配っておく。

名刺交換のマナー

プラスの気配り

名刺入れの上に置くとていねい

名刺をテーブルに並べるとき、もっとも上席者の名刺を自分の名刺入れの上に置くと、名刺を丁重《ていちょう》に扱っているように見え、印象がよくなります。

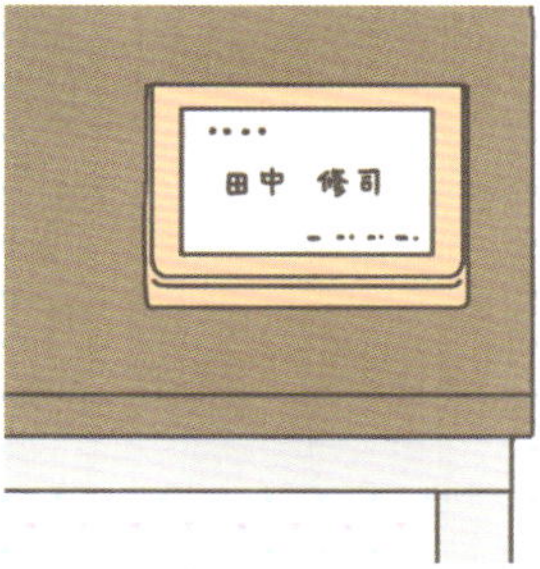

名刺は胸より上で持つ

名刺は胸より上の位置で、両手で持つのがマナーです。片手でブラブラさせたり、床に落とすのは失礼に当たります。うっかり落としたときは、「申し訳ございません」と謝り、すぐに拾います。

名刺を忘れたとき

うっかり名刺を持参するのを忘れても、「忘れた」と言う必要はありません。「あいにく名刺を切らしておりまして。○○社の○○と申します」と断りを入れて、相手の名刺を受け取ります。

これはタブー

名刺を出すのに手間取る

名刺入れがなかなか見つからず、モタモタするのはNG。スーツの内ポケットやカバンの出し入れしやすいポケットなど、さっと出せるところに用意しておきます。

汚れた名刺を渡す

汚れた名刺、折れた名刺を渡すのは失礼です。適当なものがなければ、「切らしておりまして」と、先方の名刺だけをいただきます。

上席者より先に名刺交換する

名刺交換は上席者から先に行い、席次の順に続きます。上席者よりも先に名刺交換をするのはマナー違反です。

ちょこっとマナー　名刺を渡せなかったときは後日会ったときに渡すか、郵送する。

職場の人とのおつき合い

重要 社内の人間関係は仕事に直結する

注意 断ってばかりだと人脈ができない

注意 どんな場でも職場の上下関係を保つ

節度を保ち、ほどよい距離感でおつき合いを

職場は限られた空間にさまざまな年齢・性別・役職の人がいるため、人間関係のトラブルはつきものです。しかし、ビジネスパーソンとして業務の実績をあげるためには、社内の人間関係を良好に保つことが欠かせません。個人的に深くつき合う必要はありませんが、社内の人脈は仕事をするうえで大切な財産。決して軽視せず、人間関係を大切に考えましょう。

おつき合いのメリット・デメリット

【メリット】

- 相手への理解が進み、人間関係が深まる。
- 団結心が生まれ、業務にも好影響が出る。
- 仕事で困ったときに助けてもらえる。
- 仕事を教えてもらいやすい。
- アドバイスをもらいやすい。

【デメリット】

- 業務外の時間がとられる。
- 飲み代などの費用がかかる。
- 気の合わない人とも同席することがある。
- 聞きたくない話（愚痴、他人の中傷、噂話など）を聞かされる。

これはタブー

時間を守らない

仕事中はもちろん、たとえ業務外であっても時間は守るもの。上司や先輩を待たせるのは失礼なことです。

業務外と思って羽目を外す

宴席《えんせき》でも、職場の上下関係はなくなりません。目上の話は拝聴し、礼儀正しいふるまいを。酔って羽目を外すのは論外。

ちょこっとマナー 目上の人に誘われた飲み会は、翌日必ずお礼を言う。

職場の人との上手なつき合い方

上司や先輩との飲み会

業務に直接関係する話題が多いので、情報交換や人脈構築には絶好の場です。苦手でも、たまには参加してみましょう。

歓迎会、忘年会などの社内行事

歓迎会や送別会など職場主催の行事は業務の一環です。職場主催の行事には出席します。

社内レクリエーション

他部署の人や、日ごろつき合いの浅い人と交流するチャンスです。積極的に参加しましょう。

同僚とのランチ

「ランチ人脈」は夜のつき合いがなくても、食事をともにすることで親交が深まります。誘われたら、ぜひ同行を。

プラスの気配り

誘いを断りたいときはていねいに。「次こそは」とつけ加える

職場での誘いを断りたいときは、「今日はどうしても外せない○○がありまして」と理由を説明し、「次は参加したいと思いますので、また誘ってください」と添えて、参加する意思があることを伝えます。

気が進まない誘いもあるでしょうが、社内の人間関係を良好に築けない人は仕事もうまくいかないものです。ビジネスパーソンとして成功したいのであれば、社内での人間関係こそ最優先事項と心得ておくのが賢明です。

ちょこっとマナー　宴席でスマホばかり見るのはマナー違反。ひとりになるまで控えること。

こんなときは？

ビジネスマナーQ&A

Q できれば残業はしたくない！

A 就業時間内にやるべき業務が終われば理想的ですが、上司や同僚が残業しているのであれば「お手伝いすることはありませんか」と申し出るべきでしょう。

どうしても残業を避けたい日があるなら、出社後できるだけ早めに「今日は予定があり、定時で退社させていただきたいのですが」と上司にうかがいをたてておきます。

Q お客さまからクレームを受けたら？

A まずは相手の言い分をしっかり聞きます。こちらに非がない場合でも、「ご迷惑をおかけしまして申し訳ございませんでした」とお詫びを伝えましょう。そのあとに、適切な対処を提案します。相手が怒っていても、冷静に、誠実に対応します。

【クレーム電話の対応】

◆必要な時間を伝える

対応に時間がかかるときは、「〇分ほどお時間をいただけますでしょうか。至急お調べしておかけ直しいたします」と所要時間を伝えます。

◆苦情内容はすべて伝える

担当者に取り次ぐときは、相手に同じ説明をくり返させないために、苦情内容をすべて伝えます。担当者は「〇〇の件ですね」と切り出します。

◆取り次ぎはスムーズに

担当者にはスムーズに取り次ぐように心がけましょう。２回以上の取り次ぎは、相手にたらい回しにされていると感じさせてしまいます。

Q 話を切り上げるタイミングがつかめない！

A 用件が終わっているのに長々と世間話をするのはNG。基本的には、訪問した側から話を切り上げるのがマナーです。話がひと区切りついたら、「では本日は……」と切り出しましょう。話の途中で相手が時間を気にしていたら、「お時間は大丈夫でしょうか」とたずねる配慮も必要です。打ち合わせの最初に「今日は○分ほどお時間よろしいでしょうか」と所要時間を共有しておくと、お互い安心です。

Q 取引先との約束の時間に遅刻しそう！

A 交通渋滞や電車の遅れなどで遅刻するとわかった時点で、すぐに先方に電話を入れて丁重《ていちょう》に謝罪します。その際、予定到着時刻も伝えておきます。

Q 取引先から担当者の携帯番号を聞かれた！

A 職場から支給されている携帯電話なら番号を伝えても問題ありません。ただし、個人所有のものは原則教えません。「担当者に連絡を取り折り返しお電話させます」と電話を切り、担当者にその旨を伝えます。

マナーの索引

●イラスト――――オオイシチエ　タハラチハル　フジサワミカ　渡邉美里
●執筆協力――――赤井奈緒子　宇都宮雅子
●デザイン――――森 紗登美、山岸 蒔（スタジオダンク）
●校正――――――鷗来堂
●編集協力――――倉本由美（ブライズヘッド）

オールカラー
困《こま》ったときにすぐひける マナー大事典《だいじてん》

●編著者――――現代マナー・作法の会［げんだいまなー・さほうのかい］
●発行者――――若松 和紀
●発行所――――株式会社西東社《せいとうしゃ》
〒113-0034 東京都文京区湯島2-3-13
営業部：TEL（03）5800-3120　FAX（03）5800-3128
編集部：TEL（03）5800-3121　FAX（03）5800-3125
URL：http://www.seitosha.co.jp/

ISBN978-4-7916-2419-5